上海抗战与世界反法西斯战争系列丛书

淞沪抗战史料丛书续编 

第八辑

东战场上	许欣五　编
东线的撤退	长江　编　胡兰畦等　著
川军在前线	长江　胡兰畦等　著

上海科学技术文献出版社
Shanghai Scientific and Technological Literature Press

图书在版编目（CIP）数据

淞沪抗战史料丛书续编．第八辑 / 胡兰畦等著．—上海：上海科学技术文献出版社，2017
ISBN 978-7-5439-7261-2

Ⅰ．①淞…　Ⅱ．①胡…　Ⅲ．①一·二八事变—史料　Ⅳ．①K264.310.6

中国版本图书馆 CIP 数据核字 (2016) 第 302862 号

本书由上海市哲学社会科学规划课题资助出版

责任编辑：张　树　李　莺　王倍倍
封面设计：周　婧

丛书名：上海抗战与世界反法西斯战争系列丛书
书　名：淞沪抗战史料丛书续编第八辑：东战场上、东线撤退、川军在前线
许欣五　长　江　编　长　江　胡兰畦　等著
出版发行：上海科学技术文献出版社
地　　址：上海市长乐路 746 号
邮政编码：200040
经　　销：全国新华书店
印　　刷：虎彩印艺股份有限公司
开　　本：889×1194　1/32
印　　张：11.125
版　　次：2017 年 3 月第 1 版　2017 年 3 月第 1 次印刷
书　　号：ISBN 978-7-5439-7261-2
定　　价：98.00 元
http://www.sstlp.com

《上海抗战与世界反法西斯战争》系列丛书总序

徐　麟

伟大的中国抗日战争，是近代中国人民反对帝国主义侵略并且取得第一次完全胜利的民族解放战争，是开展时间最早、持续时间最长的世界反法西斯战争东方主战场。在这场历经十四年之久的抗日战争中，中国各族各界人民同仇敌忾、共赴国难，经过艰苦卓绝的浴血奋战，以巨大的民族牺牲，打败了穷凶极恶的日本法西斯侵略者，取得了辉煌的胜利。正如习近平总书记所指出的，中国抗日战争“为拯救民族危亡、实现民族独立和人民解放，为争取世界和平的伟大事业，作出了彪炳史册的贡献”。中国抗日战争是在中国共产党倡导的以国共合作为基础的抗日民族统一战线旗帜下进行和取得胜利的。以爱国主义为核心的伟大民族精神是中国抗日战争胜利的决定因素，中国共产党的中流砥柱作用是中国抗日战争胜利的根本保证，全民族抗战是中国抗日战争胜利的重要法宝。

上海抗战是中国抗日战争的重要组成部分。在中国抗日战争与世界反法西斯战争中，作为中国共产党的诞生地，上海这座具有反帝反封建光荣革命传统的英雄城市，发挥了独特的重要作用，作出了重大的历史性贡献。

20世纪三四十年代，上海这座国际性的大都市，已经成为中国与世界各国通商贸易的主要港口，成为中国经济、文化中心和政治、外交副中心。同时，上海又是当时中国最大的军港和守卫长江的大门，具有重要的军事战略地位，因而始终成为日本法西斯军国主义觊觎的一个战略要地。1931年九一八事变后，日本法西斯军国主义进而在上海挑起了一·二八事变，发动了对淞沪地区的武装侵略，驻守上海的十九路军和前来增援的第五军与上海人民奋起抵抗，给予日本侵略者以沉重一击，成为中国局部抗战历史进程中承前启后的关键性一役。九一八和一·二八时期的抗日武装斗争和民众抗日救亡运动，在世界上率先举起了反法西斯的旗帜，揭开了中国抗日战争和世界反法西斯战争的序幕。1937年七七事变后仅一个月余，日本法西斯军国主义又把侵略魔爪伸向上海，遭到中国爱国军民的顽强抵抗，形成了以上海为中心的一场气壮山河、震惊中外的八一三淞沪抗战。七七卢沟桥事变和八一三淞沪会战，标志着日本法西斯军国主义全面侵华战争的开始。在中国共产党的积极倡导和推动下，抗日民族统一战线正式形成，揭开了中国全民族全面抗战的序幕，也标志着世界反法西斯的第二次世界大战在亚洲的东方战场正式形成。在八一三淞沪抗战历时一百多天的日日夜夜，中国军队和上海人民以其鲜血和生命，筑成了一座民族自卫的血肉长城，谱写了一曲民族团结、共御外敌的壮丽史诗。上海沦陷后，上海民众在全国人民和全世界爱好和平的各国人民的声援、支持下，面对极其艰辛险恶的环境，仍然以大无畏的英雄气概，坚定不移地继续投身于全民族抗战的洪流，对日伪的法西斯统治进行不屈不挠的斗争。中国共产党始终高举抗日民族统一战线的伟大旗帜，发动民众，团结上海各界人士，从人力、物力、财力等方面支持抗日民主根据地和抗战大后方的斗争，冒着腥风血雨，迎接抗日战争的最后胜利。

两次淞沪抗战及上海民众在十四年中不间断的抗日救亡运动，构成了一幅幅上海抗战英勇悲壮的画卷，也铸就了上海在中国抗日战争和世界反法西斯战争中的重要历史地位：上海不仅是中国对日作战的一个坚强的军事战略重镇，也是中国抗日救亡运动的前期中心和中国抗战文化的发源地；不仅是支援抗战大后方和抗日民主根据地的重要基地，也是世界反战反法西斯人士和中外难民的庇护所，是世界反法西斯舆论战、情报战的东方主要阵地，又是中国联系国际反法西斯阵营的纽带和桥梁。更为重要的是，上海抗日战争凸显了其重要的历史意义：它在外敌入侵、民族危亡的关键时刻，全面地、全方位地弘扬了以爱国主义为核心的民族精神，折射了中华民族有同侵略者血战到底的气概、有在自力更生的基础上光复旧物的决心，有自立于世界民族之林的能力，上海抗日战争在中国抗日战争和世界反法西斯战争历史上树立了一座永不磨灭的丰碑。

今年是中国抗日战争暨世界反法西斯战争胜利七十周年。在中共上海市委的领导和支持下，上海学术界和理论界，经过多年的努力，联合推出了《上海抗战与世界反法西斯战争》系列丛书。这套系列丛书分为三个子系列，**一是上海抗日战争史丛书**，内中包括上海抗战史通论、一·二八淞沪抗战、八一三淞沪抗战、日军在上海的罪行与统治、上海人民抗日救亡运动、上海郊县抗日武装斗争、上海人民支援新四军与抗日根据地、抗战时期的上海经济、抗战时期的上海文化、上海抗战与国际援助等；**二是淞沪抗战史料丛书**，选辑和汇集民国时期有关上海抗战的具有代表性的通讯、纪实、回忆录及报告文学等鲜为人知的孤本、藏本影印重版。**三是上海抗战与世界反法西斯战争研究丛书**，其中包括：资料性著作：如记忆中的淞沪抗战、淞沪抗战中文报刊资料选编、淞沪抗战档案史料选编、上海抗战历史文献选编等；专题性著作：如中国共产党与上海抗战、当代学者论淞沪抗战、国外学者论淞沪抗战、一·二八淞沪抗战画史、八一三淞沪抗战画史等；工具性著作：如上海抗战与世界反法西斯战争大事年表、上海抗战与世界反法西斯战争事件人物录等；通论性著作：在上述论著的基础上完成一部通论性著作，即上海抗战与世界反法西斯战争全史。这三个子系列丛书各有千秋、各具特色，在集结出版后，更能起到互相参照、取长补短的作用。可以说，这套系列丛书是上海学术界和理论界研究上海抗日战争和世界反法西斯战争的一项重大的学术成果，是对上海抗日战争史研究的一个重要总结和一次集中展示，也是向中国抗日战争暨世界反法西斯战争胜利七十周年献上的一份厚礼！

“疑今者，察之古；不知来者，视之往”。历史是最好的教科书。《上海抗战与世界反法西斯战争》系列丛书的出版发行，更是为了向社会提供一部能够弘扬时代正能量、培育与践行社会主义核心价值观的好教材。让我们站在新的历史起点上，进一步铭记历史、缅怀先烈、珍视和平、警示未来，为实现中华民族伟大复兴而奋斗，为促进世界的和平和发展作出我们应有的贡献。

出版说明

《淞沪抗战史料》丛书续编充分利用南京图书馆馆藏资源，将已见或未见的关于淞沪抗战史料以影印的形式出版，内容涵盖两次淞沪抗战，即一·二八淞沪抗战和八一三淞沪抗战，力求比较全面、翔实和生动地反映淞沪抗战的全貌。

两次淞沪抗战，是中国人民伟大的抗日民族解放战争的重要组成部分，特别是八一三淞沪抗战是在中国共产党的抗日民族统一战线政策的指引下，以国共两党的合作为中心，全国各爱国党派团体、中央和地方各系抗日军队、各界爱国民众以及海内外侨胞，在抗日御海、共赴国难的基础上发动和进行的，堪称民族自卫战争史上的伟业。它体现了中国人民血洒战场、拼死抗战的决心和民族团结精神。在抗战胜利70周年之际，阅读这些史料，重温那段中华民族优秀儿女面对强敌、誓死抗争的精神，就是最好的爱国主义教育。两次淞沪抗战展示了中华民族奋起改变自己国家命运的伟大信念，爱国主义激发出全体中国人民的巨大力量，这种信念和力量，在今天仍然弥足珍贵，令人心怀激荡。两次淞沪抗战中那些大气磅礴、气壮山河的史诗故事，均在本套丛书资料中有翔实的记录和质朴的史料作为佐证。

由于各种原因，原书中存在着印刷错误，而且有些细节也与史实不符，对书中的一些观点我们也不完全赞同，为了给读者提供最原始的抗战史料，对上述问题未做任何处理，希望读者能够给予理解。

编者

2016年9月

目录

戰時文化叢書之二

東戰場上

許欣五編

戰時文化出版社

戰時文化叢書

一·西戰場上……季雲著（二角二分）
二·東戰場上……許欣五編（四角）
三·北戰場上……（在編印中）
四·抗戰詩選……金重子編（三角）
五·集體安全與國際新均勢……陶希聖著（一角）
六·抗戰中的問題……葉青著（在印刷中）

戰時文化叢書之二

東戰場上

許欣五編

書前

根據歷史的教訓：文化由戰爭而演進。

根據歷史的教訓 偉大的著作產生於偉大的戰爭。

今日的中華民族已經展開劃時代的全民抗戰，這一次的抗戰實具有空前深刻的意義，它關係着中華民族五千年歷史的絕續，它爆發着近百年來在列强桎壓下的怒吼，無論在思想，行動，精神各方面，全中華民族顯然地已經在匍匐中躍了起來，這不但決斷着中華民族的歷史興衰，而且影響着全世界文化的動態。

來呀！我們需要英勇的戰士抵殺野心强盜的進攻，我們需要大無畏的精神尅服野心强盜的鋒銳武器，我們需要堅決的必勝信念粉碎强盜底正熾的野心鋒芒，我們需要文化總動員以增强我們偉大抗戰的力量。

本社在此至上的意義之下產生，同人爲着把握這一個騷動的時代，爲着繼續中華民族因戰爭而波動的歷史的紀錄，爲着使戰爭的烽火圈內產生偉大的著作而廣續演進我們的文化於戰爭當中，於是，我們的「戰時文化出版社」自動地肩負起這偉大的時代使命。

我們只有一個共同的信念：

「以抗戰文化的力量加入民族鬥爭，一致爭取最後的勝利！」

戰時文化出版社

目錄

4

戰時文化叢書之五

陶希聖著

集體安全與國際新均勢

定價一角

本書是陶先生抗戰半年來對於國際現勢的總剖解。這裏面揭開了國際間惝恍迷離的眞面目，指示了我國抗戰中外交應走的途徑，爲抗戰以來系統的研究國際新局勢的第一部著作，爲此非常時期中每一個國民必讀之作。

弁言

這一次的中日戰爭，其意義在我國五千年的歷史上，是比任何一次戰爭還要重大，還要神聖，而東戰場適居我國一切文物政治經濟的樞紐，爲全國馬首是瞻的首都也正位置在此，爲了爭取民族的生存，我們不惜把全國最精華的江南之地，一一化成焦土。有這種非常的決心，乃造成這種非常的歷史。

當編者孤坐斗室之中，把六個月來各家記述這一方面抗戰血史—零星散文蒐集起來，一篇一篇地口吟筆酌的時候，編者忘却了自己是關在一間狹小的屋子裏，而是正在槍林彈雨下，砲烟迷霧中，隨着一羣羣英勇的戰士向着敵人的陣營衝上前去——本書可說是在一個戰士作戰時的戰鬥情緒之下編成功的，民族解放戰中戰士的戰鬥情緒是緊張，是刺激，是忿怒，是勇猛。

1

本書蒐集的材料，原來超過現在編入的三分之一，因爲選擇比較精審，這些都犧牲掉了。其已編入者，非完全無可評議之處，但在目前事實上所能做到的條件下，本書或許可以說

2

是一個大體圓滿的收穫。

本書共收文二十餘篇，題目大都經過編者一番改易。這是因爲想使讀者僅展開目錄一看，即不難窺出這回東戰場上歷次戰役的整個輪廓，以及每一次戰役時間上的順序，專擅之愆，敬希鑒原，而本書的得以編輯成功，全係各作家之力，亦應并此致謝。

隆冬匆匆過去，現在新春又到了！「暮春三月，江南草長」，這錦繡河山，我們豈能長供胡騎踐踏?!還有遺留在江南的中華兒女，我們豈能長任兇寇去奴役，去淫辱，去殘殺?!當我們讀到八百壯士四行樓上孤軍苦鬥的時候，我們的熱血應該沸騰了，當我們讀到南京陷落後倭寇姦淫燒殺的慘相的時候，我們的怒火應該燃熾了，第一期的抗戰是失敗了，但我們的抗戰情緒是勝利的，我們要在不斷的失敗中積纍抗戰的教訓，在積纍的教訓中取得中華民族的最後勝利！

民國二十七年二月五日編者於漢口

一·大上海怒吼了

八，一三抗戰揭開後，初時敵方的主力，是完全以公共租界東北區爲根據地，在軍事上，是以北四川路底日海軍陸戰隊司令部，日本海軍操場，同楊樹浦公大紗廠爲重心，西路向我八字橋方面陣地進犯，中路向江灣方面進犯，我軍則分三路迎擊，右翼由八字橋江灣路直搗敵軍司令部，中路由江灣攻敵海軍操場，左翼襲楊樹浦公大紗廠，戰事發動後，三路敵軍處處敗退，我中路軍於八月十八日佔領海軍操場，而迫使敵軍陣地陷爲凹形，並一度佔領匯山碼頭，迄至二十七日始撤退左右兩翼包圍敵軍，使無發展能力。

本來在虹口區內敵軍僅海軍特別陸戰隊一萬五六千名，因戰鬥力薄弱，屢敗屢退，死傷甚衆，雖戰事開始時，敵方卽派正式陸軍一師團來滬增援，惟終無發展餘地，故改向浦東方面，企圖上陸，又被我軍擊退，八月二十一日敵增援陸軍三師團抵滬，並由松井石根大將指

1

揮作戰，改變戰略，欲襲一二八時故智，向外移動，二十三日，敵以軍艦三十餘艘結集吳淞口，以吳淞口之蘊藻浜，張華浜，及獅子林一帶爲目標，發砲進攻，企圖大規模登陸，同時

2

瀏河口寶山縣屬的石洞口與小川沙口，及浦東的匯南川沙等地，敵亦以遊擊戰術，分別進擾，此外登陸敵軍並在飛機大砲掩護之下闖竄羅店，嘉定，日來在該方發生猛烈戰事，予敵軍以重創，迄屬稿時止所接得消息，吳淞，嘉定，寶山等均在我手，戰事之烈，爲八，一三後所僅有，蓋敵此次新增援之三師團，均係彼方最精銳部隊也。

在目前抗戰中，最值吾人記述者爲一，我空軍的處女出動，轟炸出雲艦，爲全世界所震驚。二，我砲軍陣地的祕密，敵雖知我有重砲轟擊，但始終不知我砲軍陣地在何處。三，砲手及空軍技術之純熟，使浦江敵艦，屢受損失，因之敵艦倉皇失措，日夜移泊數處，其他如我軍攻克公大紗廠及浦東日華紗廠所獲之戰利品，緝獲敵商輪之軍需品，均爲我光榮的收穫。

因爲軍事上的祕密必得保守，故對於我軍的配備情形及將帥名錄，祇能在可能範圍內發表。

當初戰之時，因區域局限於閘北與虹口一帶，故全由張治中司令節制指揮，自戰事外擴後，我軍亦已重新配備，張治中氏升任爲口口總司令，負責中區防務，即原有戰區江灣閘北虹口地域，沿吳淞口揚子江口江防，另由中央新任口口口爲江防司令，率領口師的軍力負責吳淞寶山瀏河等地防務，日來羅店方面，敵以最精銳部隊進犯，卒被擊退，足見虎將威風，至於在吳淞與江灣之間的，係由我口口口大隊駐守即蘊藻浜張華浜等地，由吉章簡指揮，共計約數爲口口人，另方面，處於最緊要軍事的地域的浦東這面由著名鐵軍張發奎將軍守禦，現在戰事最重要區域，一面爲吳淞口外，一面爲浦東，浦東因地形關係，凸出如半島，北面爲揚子江口，西東爲黃浦江，東面爲東海，係三面受敵之地，此次敵軍屢次進犯，卒未得逞，可見我沿江防務的鞏固，眞所謂「金城湯池」不及的了。

還有最可喜的消息，報告讀者，此間抗敵的總司令是名將口口口呢。

敵軍原有在虹口的作戰部隊，完全爲海軍特別陸戰隊，除原有駐在上海東西兩司令部及各根據點者，共約六千名之數，後由長江上遊漢口等地撤退的海軍及新由日本國內開來者，總數共計約一萬六千人，由第三艦隊司令長谷川指揮，此陸戰隊戰鬥能力甚爲薄弱，經我在虹口痛擊後，即已無力活動，呈現瓦解之勢。

3

其新近開抵吳淞，在羅店寶山，吳淞等地與我軍作戰之三師團陸軍援兵，先據彼方傳說爲久留米第五，九，十二三師隊，實則據我方詳細調查，並非如此，此次開來之三師團，係由若何旅團選取最精銳者改編而成，故編制方面，亦依照戰時編制，較原定名額爲增加，其

4

番號如下：久留米十二師團之福岡第十二旅團，差通寺第十一師團之徃島第二十二旅團，廣島第五師團之山口第二十一旅團，名古屋第三師團之靜岡第二十九旅團，金澤第九師團之敦賀第十八旅團，熊本第六師團之鹿兒島第三十六旅團，共以六旅團編成三師團，每師團共計一萬八千人左右，敵軍總數連陸戰隊在六萬人以上。

至於敵艦，自滬戰發生後，恆在卅艘以上，日前已增至六十餘艘，多集中於吳淞口外，僅第三艦隊旗艦出雲，仍泊於黃浦江口內，各艦艦名爲，第三艦隊第十戰隊出雲，天龍，龍田，第十一戰隊，安宅，鳥羽，勢田，堅田，比良，保津，勢海，二見，栗梅，蓮，第五水雷戰隊，夕張，第十三驅逐艦，若竹，吳竹，早苗，第十六驅逐艦隊，朝顏，芙蓉，刈萱，練習艦隊，雲，磐手，佐世保警備戰隊，妙高，北口，長良，阿武隈，能登呂，第三驅逐隊，菊月，三日月，望月，夕月，第廿九驅逐隊，追風，疾風，佐世保防備戰隊，八重山等。

敵現謀在崇明島新建飛機場，以作根據地，並有航空母艦兩艘，長停於崇明島附近海面。但自我空軍出動後，敵方空軍已不能發揮其威力，日來敵機所投炸彈，除炸燬建築物外，與我陣地，並無大損失，可見此次我國抗戰，與一二八時進步多多，若能持久抵抗，最後勝利，無疑的必屬於我。（勻秋，二十六年九月一日，上海）

二·人人是戰士

一二八的時候，許多住在租界裏的聞人先生，民衆團體，都喊着「願爲後盾」的口號，似乎他們所負的責任，做到了「後盾」，是已足夠了似的。

相隔六年，八一三戰事又爆發了，戰事的區域，也是同一二八時一樣，由上海市內的虹口，楊樹浦，張華浜，蘊藻浜發動起，擴展到吳淞一帶，但是，這後盾的口號是不聽見了，所代替的，是在這個時代民衆的實幹，這是我們民族的醒覺，他們已經認識了抗戰的本色，就是抵抗暴敵並不完全是軍隊的事，是我們四萬萬五千萬同胞的事，是爲我們全民族自由解放的事，無所謂後盾，只有抗戰工作形式上的不同。

因此自從八一三以後，上海的許多民衆團體和民衆都是敵愾同仇，都自動的組織起來，幹他們應幹的事。

5

在南市老西門陳英士紀念塔旁邊的鐵塔上，天天輪換着的掛着幾個鮮血淋漓的人頭，隨便那一個走過的時候，都向他唾罵，這就是出賣我們民族國家的整個利益，認賊作父的漢奸

6

，他們是我們全民族的公敵，個個人都負着檢舉的責任，有一次一個在外白渡橋旁邊的黃包車夫，看見了從虹口區內出來一個很摩登的女郎，從容不迫地向公共租界南區走去，於是引起了這個黃包車夫的懷疑，他心裏想，虹口已是連外國人都給東洋兵趕走了，她是何人？還能如此自由出入東洋兵戒備森嚴的地方，於是他就去兜她坐車，把她拉到了她所要去的目的地，他認清了她的門牌號頭，馬上去報告戒嚴司令部，由戒嚴司令部派員會同租界捕房，同去搜查，結果，搜獲日軍四人，軍械四箱，東洋軍服兩箱，這輩漢奸與間諜，就一律槍斃。

還有一件，是四馬路江西路都城飯店的茶房，他看見一個中國人和一個日本人到他那裏開了長期的房間。在這樣的時期還和東洋人打交道，因此開始了他的注意，發覺他們來的時候，有人在門口張風，他們房間裏並且尚有好多人，時時住着，他知道這玩意兒一定不對，又不好在裏面捉拿，一天等他出去的時候，他跟蹤出去，在馬路上把他一把拖送到戒嚴司令部，審訊結果，他是糧食資敵，刺探軍情，甘爲敵方做走狗的重要漢奸穆芳庭，於二日處以極死刑。

馬路上倘使遇有形跡可疑的人，民衆們就自動的去注意他，這說明了民衆抗敵情緒的緊張。

自從全市跳舞廳及電影院改爲傷兵醫院及難民收容所之後，電影明星及舞女已出動做他們在後方能夠做的事，有一次中國紅十字會招待記者去看傷兵醫院，這醫院是設在一個規模極大的上等跳舞廳裏，收容的傷兵約有五百多人，其中除了紅十字會看護十餘人外，其他都是舞女幫着担任看護所顧不到的事，他們忙着爲傷兵縫級枕頭……等事務，很有秩序：現在上海設在租界以内的傷兵醫院，一共有二十六處，看護當然很缺少人，閨閣名媛自動願意去服務的很多，這種與日本婦女爲他們的軍人縫「千人針」同一爲軍人服務，意義之不同却遠得多了。

電影明星金焰，韓蘭根，陳波兒，王人美等數十人，他們和她們現在組織一個救護團，已經成立，預備出發到前綫去，担任救護傷兵的工作，男的做担架，女的做包紮看護，工作分得井井有條。全市的醫師自願義務的來診治傷兵，他們每天除了上半天或下半天應自已的門診之外，騰下半天來做診治傷兵的工作。

軍事專家蔣百里將軍赴歐洲考察軍事回來，曾經說過：「在法國的人民，他們明白他們在戰事發生時應做的工作，他們會循軌去做，不會惶亂，你倘使在鄉村裏遇到一個小學教員，問他戰時應做的事，他會明白的告訴你」。

7

德國名將盧登道夫，在他著的「全民戰爭」中，說得很詳細，他說：「一個國家決定作戰，就要先準備軍隊，經濟，和民衆服役於這個戰爭，這種準備……後者要在和平時已經作了，而且每年施以改善」。

我們現在雖然沒有能夠做到這一種民衆準備的幾萬分之幾的地步，但是，對於前面所說的民衆自動服役，却是很可喜的一件事，至少比較一二八的時候，强得多了。（勻秋，九月四日，上海）

三・衝進匯山碼頭

今茲所述，雖僅爲追記上海抗戰史中光榮悲壯之一頁，但記者爲求蒐集此項史料，曾經無數周折，其事爲何，卽八月二十二日我軍攻克匯山碼頭之眞相也，自攻克匯山碼頭消息傳播後，社會反應顯然有二：一係熱情同胞，聞之欣喜欲狂，以爲此地一被佔領，敵卽毋煩再攻而可自滅者，迨後繼續消息漸少，終至對此鐵樣事實亦竟發生懷疑，一係缺乏自信之人，自始卽不信任其事，兼爲刊布事後消息之外報所迷，其錯誤觀念愈加固執，蓋心理上已種恐日病根，自不信任我軍能有如此威力也，記者由於此事之教訓，斷為社會之所以發生懷疑實由吾人未能克盡職責，詳為報道，致使客觀事實，陷於模糊，故其罪責應由吾人坦白自負，良以軍事行動，瞬息萬態，一刻之前如此，一刻之後遂未必仍如此，所謂勝敗乃兵家之常，故軍事家祇重視戰爭之結果並不十分重視一時之成敗也，惟吾人為新聞記者，時間觀念應較諸一般人為重，儼如自動記錄氣象之機械，隨時依溫度之升降，為正確之記載，最後之提供確據，以盡報道之責，如僅持一時狀況，認為一成不變，不肯繼續探索其發展動向，甚且閉門造車，嚮壁虛搆，毫無情況作為根據，即濫事判斷，紙上談兵，以為想當然耳，故在二十二日匯山碼頭得而復棄後，尚在傳播我軍以該處為根據而向兩翼擴展之消息，此真貽誤事機，淆亂聽聞矣，吾人必須把握時代，不能稍涉怠惰，否則予社會影響之惡劣，殆有不堪設想者，萌斯一念，遂決竭其棉薄，而於旬日以來，出入戰場，期能補過，今再以攻克匯山碼頭之歷史提供讀者，除為證明我軍之犧牲精神及戰鬥能力，俾堅民族抗戰之自信外，並將籠罩心理上之暗曇，為之吹散，使此一頁光榮戰史，亦得以昭明於世焉。

9

先是暴日侵滬之勢既成，駐防××之師，首先奉命馳赴吳淞，江灣之線警戒，十一日下午九時二十五分開拔之命令到達，即以急行軍於十二日拂曉到達目的地，十三晨戰幕既揭，

10

該線我軍屢與敵戰，確察敵軍戰鬥薄弱，遂決進攻之志，駐防××之師，亦奉派增援，於十六日到達，我軍××隊亦於十八日由××開來助戰，滿擬一舉而可廓清界內殘敵也。

軍學上有一術語，凡對敵正面之一部行突擊貫破，以分斷敵線者，謂之「突貫攻擊」，或稱「中央突破」，我攻匯山碼頭之軍，所採戰略，卽係如此，自二十日我西路軍由天德路挺進以來，疊有擴展，二十一日下午九時，我軍下令總攻，沿天賓路，公平路，舟山路，兆豐路等縱線向岳州路，東有恆路，鄧脫路，塘山路，百老匯路等橫綫推進，東路軍亦沿華德路橫綫向百老匯路突入，擬會師於怡和路一帶，進佔匯山碼頭，完成突貫攻擊之任務，沿途我行威力搜索，屢遭敵軍頑强抵抗，均被我軍奮勇擊破，二十二日下午三時，我軍以戰車五輛前導，步兵三營跟進，分頭向匯山碼頭突擊，戰車發其精銳之平射砲，連燬敵人機關槍陣地數處，並燬其工事頗多，步兵尤爲英勇，以血肉之軀，吸收其重機關槍彈，前仆後繼，向百老匯路敵陣猛擊，終將其槍手射殺，並奪獲重機關槍一挺，三時前卽確實進入匯山碼頭陣地，傷亡慘重，而仍將該處敵人完全肅清，達成攻擊任務，日軍公然自讚之日俄戰爭時之奉天大會戰，其悲壯激烈，不及此役遠甚，其時岸上之敵雖潰；而泊駐江面敵艦則紛向虬江碼頭一帶下移，至其砲火射程綫內，開始向我進入之軍轟擊，同時百老匯路東西兩端之敵，以楊樹浦及北四川路司令部爲根據，向匯山碼頭會合，我軍鏖戰良久，敵艦以燒夷彈射來，房屋着火燃燒，敵機又以巨彈投擲，我軍損失頗重，燬戰車二輛，有兩連長陣亡，三輛受傷衝回，步兵一營生還者僅數十人，營長身負三傷，內有一連官兵伕均被燒夷彈焚死，尤爲奇慘，此役犧牲十分壯烈，迄今追記，於英勇抗戰之傷亡健兒，猶寄無限之欽佩與同情也。（楊紀，九月四日，上海）

四·據守第一道防線

上海戰事，自八月十三日上午九時一刻展開至九月十三日中午十二時我軍撤至第一道防綫爲止，已歷三十二日，在這三十二日中，無一時一刻不充分表現着我奮勇將士壯烈的高貴精神。

八月二十三日以後，戰事重心移至吳淞口外。起初敵登陸企圖不逞後，卽分路進犯，先後在石洞口，獅子林，蘊藻浜等地得佔一小塊岸灘，但被我軍包圍，不能越動一步，相持一星期，到三十一日早晨，敵乃在吳淞集中大批兵艦，以猛烈砲火大肆轟炸，吳淞房屋盡被焚

12

燬，是晚敵二百人登陸，盤踞蘊藻浜至吳淞之線，並陸續增至二千餘名，九月一日晚將我砲台灣及吳淞砲台高地據佔，敵在此既得有立足點，卽分左右兩路向我進攻，一沿浦江襲擊寶山，圖連絡獅子林敵軍，一左襲市中心區及虬江碼頭，準備打通而至楊樹浦。四日晚，敵部由砲台灣登陸，向寶山進犯，我軍奮勇還擊，血戰通宵，敵受創甚大。五日下午，敵又大批增援，傾生力來犯，同時海軍大砲飛機出動助戰，雙方傷亡甚衆，我軍被敵砲火威脅，不得已退入寶山城內，登堞設防，苦撑待援，以致有五日寶山失陷敵手之傳聞，後經我生力軍趕到，卽刻被我奪回。七日敵集中砲火向縣城轟擊，幷由吳淞獅子林兩翼，抄我後方，內外我軍失却連絡，敵戰車乘隊攻城，我守城姚子青部一營仍孤軍抗戰，至死不屈，直至午後四時因砲火過烈，全營官兵爲國犧牲，寫成滬戰來最悲壯的一頁。

左翼之敵自蘊藻浜竄市中心區及虬江碼頭，雙方激戰，進退達十三次，敵軍始終未逞。十三日我軍自動退出，敵至十四日方敢前進，日同盟社竟以「日軍佔領市政府」照片拍攝分送外報，神氣活現，實則，若非我因戰略自動的退出，敵亦只有徒喚奈何而已。

在過去一個月，敵軍一次增援，二次增援，三次增援，已經出動了國內四分之一的陸軍，三分之一的海軍，五分之一的空軍，總共在滬作戰的敵軍共有十一個旅團之多，和海軍陸戰隊合起來，總在十萬人以上。軍艦第三艦隊一個不夠，再加上第二艦隊，共有軍艦一百三十餘艘。飛機台北的木更津隊不夠，再由國內出動陸上飛機二百餘架。滿擬一擊佔領松滬，然而結果只是使「皇軍」的威信，掃地無存，死傷共約三萬餘人，彈藥消耗更是令人吃驚。以一百三十艘的兵艦計算，艦上共有海軍砲七百多門，平均每日射放十發，（那是至少的了）則每日至少須消耗六七千發，再二百架飛機中以每日輪流出動五十架，每架投彈十枚計，則每日共須消耗五六百枚，此外并還有陸上砲兵等不計在內，再加上十餘萬大軍的機關槍彈，步槍彈，高射砲彈，野砲彈，那更是不可勝計。大約估計，敵方每日單單在彈藥上的消耗就非二三百萬元不可，其他還不去計算。那麼，他一個月的消耗結果，是得到了甚麼呢？以現在我們的新陣地算，自東至西，也不過距離江邊十二公里（劉行距江約一萬二千公尺）的地方，而且現在還是在吞吐之中，這樣我們就可見敵軍實在並不足畏的了。

再觀我軍應付的沉着，敵人和我軍比較，相差眞是天壤懸殊，某外報記者，看了敵我雙方的戰事，他說：「這眞是在捉迷藏，中國軍士突然向日軍放了一槍，日軍立刻就騷動起來，大砲機關槍，濫放一大陣，才以爲安然無事，停止下來，中國軍隊再放一槍，日兵又是這樣慌亂起來，如此週而復始，正好像在捉迷藏，雙力消耗子彈之數平均約爲七十與一之比，

13

14

而中國軍一顆槍彈祇需七角，日本却損失數十元，這樣耗費的結果，是一無所得；中國的兵仍是平安地伏在戰壕」，這眞說得有趣極了。

敵在滬作戰的統帥人選始終諱莫如深，現據我軍事當局接得諜報，明白此次敵軍在滬指揮作戰的統帥，係由前任海相海軍大將永野担任，下面設海陸兩總指揮，海軍爲海軍少將第三艦隊司令長谷川，陸軍爲陸軍大將松井石根。其正規陸軍的番號及長官爲：第三師團二十九旅團，旅團長伊東正喜，第五師團二十一旅團，旅團長吉本貞一，第六師團三十六旅團，旅團長谷壽夫，第八師團十六旅團，旅團長中路直三，第九師團六旅團，旅團長秋山義光，第九師團十八旅團，旅團長井田宣時，第十一師團，師團長多田駿，第十二師團十二旅團，旅團長山田乙三，第十四師團二十七旅團，旅團長米松茂治，第十六師團工兵十一聯隊，聯隊長兒玉支雄。至於敵方曾擬撤換陸軍總指揮松井問題，現聞陸軍省方面已因此引起內閣風潮，陸省原擬調金澤來華，後又改請宇垣出山，但宇垣已經謝絕，因又有人主張調荒木大將來滬，但遭反對，結果因意見紛歧，發生內部問題，故敵軍在滬陸軍指揮，仍由松井担任，暫不撤換。

當初我軍對楊樹浦及虹口一帶的敵軍，是取攻勢的，預備打他一個措手不及，至少也可減少他一部份力量，果然這方的敵軍屢屢敗退損失無算，後來我軍守沿江，也是有道理的，這是所謂「擊虛」，因爲當時敵艦並不多，砲火並不猛，故幾度激戰，消耗了他無算力量，這樣，我軍趁虛消耗敵人的第一個計劃算是實現了。然後我軍再撤至第一道防線，這意義就是：第一點避免敵海軍砲火威力，照普通估計，一隻巡洋艦，在牠可以作戰的地位以內，其威力可以比到一萬陸軍，譬如有一艘軍艦停泊於江邊，潮漲的時候，軍艦高出地平線以上，這樣宛然做了很好的堡壘，艦上可以發砲來轟擊陸上的砲火能及的範圍（海軍砲二十生的口徑射程約爲十五公里），反之陸上去打他，因爲他在水上是很活動的，那是很困難的了，故敵軍既集有一百多艘軍艦在江面，我軍自然應當避免他的威力。第二點是使敵方長久消耗下去，因此我們的主力部隊雖然撤至新陣地，但在防綫之前尚有駐兵，以遊擊式不時向敵反攻，使敵方仍須以巨量的彈藥來保持他在陸上的軍隊，因此我軍的後撤，可說是理所應該，否則纔眞是軍略上的失敗。我們現在的陣線是：北起瀏河，向東南經潘家橋，羅店，楊行與劉行中間的永安橋（距離三千公尺），廟行，以至江灣，成一直綫，再由江灣沿淞滬鐵路到八字橋，北火車站，稍呈凸出，全線共長八萬公尺，陣地建築堅固，這裏是我們的「萬里長城」哩！（勻秋，九月十五日，上海）

15

16

五·滬戰一月

（一）

八·一三抗戰以來，迄今已逾一月，局勢演變，漸趨嚴重。記者亟欲明瞭整個戰局之輪廓，特作戰區之遠足，訪問戰區最高軍部當局。對所欲知之問題，已獲得相當的答案。此種問題，殆亦讀者亟欲明瞭之事。現就其可發表者，略舉若干事，以作報道，就中人名地名，因格於功令，未便指實。然一事一語，皆非出自記者臆造也。

當記者決作遠足之行，爲求縮小敵機目標，增加行駛速率，以三日之期待，始獲一暫充機器脚踏車之司機人。其人或精於修理而拙於駕駛者。記者危坐車後，不禁心旌搖搖。前夕昏暗中，竟卽翻車於虹橋路上。記者雙膝着地，破皮五處。昨午再度翻車於阡陌之中，傷鼻甚劇。血流如注，握之急行，呼吸窒息，血奪口腔而出。煩悶之情，實難描畫。經半里許，始遇軍醫官，爲施手術，注止血針，慰藉有加，並許爲「勇敢之人」，心境稍快。然因流血過

17

多，不覺頭昏耳鳴。幸有談笑生風之彭參謀出而招待，彼索題紀念之言，遂書「流無代價的血，遇有趣味的人，」爲贈。由茲一事，使記者深感業新聞記者，除備普通知識外，各種應用技術，亦不可不習也。

行前曾口占一絕以言志，並倩夏女士書於手册中，詩云：「民族抗戰八一三，不殺倭奴誓不還。自信書生能報國，但憑筆劍斬樓蘭」。此册繼經多人題詠。張總司令書有「成功成仁，義無返顧」，黃副總司令書「抗戰到底」，徐參謀長書「有敵無我，有我無敵，」侯參謀長書「且把碧血鑄長城」，孫師長書「長期抗戰，必須堅毅强韌，爭取最後五分鐘的勝利」，柳處長書「漢賊不兩立，是好男兒，便當殺賊」，莊副處長書「爲民族求生存而戰。」全軍將領所提示於吾人者，何等慷慨激昂。國人於此，應知所奮發矣。

前夕既抵閘北，宿於蕭參謀處，是日午後，租界內卽有關於閘北之謠言，現已證明爲絕對無稽矣。因此一事，記者又萌感慨。夫閘北一地，爲全線之軸，絕無放棄之理。吳淞楊行方面既撤出，楊樹浦至蘊藻浜之線，深受左翼威脅，始奉命爲戰略上的撤退，守兵尚延不肯卽行，延至十一日晚間撤至江灣之線，與左右兩翼啣接。化突出陣地爲一直線陣地，節省兵力，反較有利。而國民不察，頗多鰓鰓過慮，此殊緣於軍事上認識不足。敵於十二晨七時起

18

，仍猛烈轟炸我退出之陣地。直至十一時始發覺已無一兵，空費彈藥射擊四小時之久。我軍此次抗戰，確抱與敵偕亡之心，萬無輕易撤退之理，實由守城之兵，未奉撤退命令，苦撑三日，全營殉城，可爲證明。日人宣稱三星期可了滬戰，現已延長月餘，彼用十萬大兵，結果不過如此，其前途已可想見。當茲兩國拚命之際，國人應三復「聞勝不驕，聞敗毋餒」之語，然後方可担當大時代之使命也。

日軍在滬作戰之實力究竟如何，此一問題，恐正縈繞於許多人之心中。茲據記者所得解答，即正規陸軍十個旅及一工兵團，海軍陸戰隊一萬人左右，軍艦及裝甲商船百餘艘，飛機二百餘架。如此龐大武力，經一月之時間，表現之成績，僅攻入我江岸東西不及五英里，南北不及十英里之地，已使用其全國陸軍兵力四分之一，海軍兵力三分之一，空軍兵力十分之一。目前戰局尙是膠着狀態，如照目前情況推算，吾國擁有四百萬平方英里之大地，傾全日本之人，亦祇能擾亂我五萬平方英里之地。由是以觀，日本誠不足畏矣。

現在上海作戰之敵軍，除海空軍外，正規陸軍中，據俘虜及譯報所知，其番號長官，有如左表：

第三師團二十九旅團　旅團長　伊東正喜

第五師團二十一旅團　旅團長　吉本貞一

第六師團三十六旅團　旅團長　谷壽夫　第八師團十六旅團　旅團長　中路直三

第九師團六旅團　旅團長　秋山義兌　又十八旅團　旅團長　井田宣時

第十一師團　師團長　多田駿　第十二師團十二旅團　旅團長　山田乙三

第十四師團廿七旅團　旅團長　末松茂治　第十六師團工兵十一聯隊聯隊長兒玉支雄

以上各部隊中陣亡之聯隊長（團長）已有第六師團第六聯隊長倉永辰治，重傷之聯隊長已有三十四聯隊長加藤守雄，六十九聯隊吉澤忠勇，及臍森孝等四員。官兵傷亡約萬餘人。

（二）

19

日軍之戰鬥能力究竟如何？此一問題，可舉新近覓得日軍頒發各部隊之對華作戰要點中之大意，以窺其奧。該要點除儘量諏蠛我軍之榮譽外，並列舉作戰時應行注意事項，歸納之中爲四點：（一）進攻華軍陣地之前，先以強大火力，行密集射擊後，始用步兵出擊。（二）步兵應儘量使用自動武器，以減少步兵之數量，增加步兵之質量。（三）每一次出擊應力求海陸空軍之協同。（四）華軍最怕新式裝備，故不必一定獲得戰鬥效果亦應儘量利用此等新式裝備，以爲威脅。以上四點，證之一月來敵軍所行戰術，即以此爲根據。先舉八月三十

20

一日再陷吳淞之役爲例，敵先使用軍艦二十餘艘向我長約三千公尺之吳淞沿江一帶陣地，施行猛烈轟擊。軍艦每艘如以主砲四門計算，至少有重砲八十門。其主砲多係二十公分之口徑，有效射程至少有十五公里，吳淞沿江數設之工事，自在其砲火射程之內，依照射彈散佈之被彈面公算，每一百平方公尺之面積，祇需平均分布砲彈四十發，即可殺傷毀壞此面積內之生物或建築物。敵於此役，自上午九時起射，直至下午五時始停，中歷八小時之久，如以每十分鐘發砲一次計算，敵艦是日所發之砲當在四千發以上。依照被彈面公算，可毀一萬平方公尺之面積，吳淞陣地長祇三千公尺，自已被其威力所征服矣。而敵更使用水上飛機三十餘架擲彈數百，以塡補砲彈不及之罅隙。我軍陣地之絕難保全，可想而知。故該線守軍×××師×××團，不但不能尋求敵之步兵作戰，根本尙未望見敵人，即已損失殆盡。敵之步兵遂安全登陸，宣告佔領吳淞矣。再舉九月五日敵軍偷渡沙龍口之役，其時敵軍原祇四百人左右，惟所挾武器，均係自動機關槍，以兩三人管理一挺。此一挺機關槍因放射速增高，直等於步兵一排(三十餘人)之兵力。且其彈道凝集，近距離之威力，更非步槍所能及。日軍配備每中隊(連)原祇六挺，今竟全部挾此武器登陸，故人數雖祇四百，而戰鬥力竟在四千步兵之上。其勢之銳，自不可當。難怪防守該綫之×××師，不能阻其進至寶楊公路也。至於出擊時之協同動作，及利用新式裝備爲威脅等，其事誠不勝枚舉。綜觀日軍戰術，自表面而言，敵據有大量精良之武器，純粹利用科學工具以臨我軍，而我軍所以抗之者，除血肉之軀外，復何所恃？，此或「恐日病」者致病之原。殊不知戰爭之道，首重士氣，次問戰鬥效果終究如何。暫時得失與一瞬卽變之戰略戰術，與全盤戰局所關甚微。日軍自鳴得意之現行戰略，就其本身而言，絕無可畏之處。試就上開四點，分別解說：（一）密集射擊，我軍固有損失，試問此密集射擊，究需付出若干費用，究可獲得多少代價，吳淞一線，固已被其粉碎，但四千發砲彈及數百枚炸彈之價，粗爲估計，至少應値百萬以上。日本國民付出百萬以上之血汗代價，僅由日兵暫時佔領業經粉碎之吳淞，此種消耗，究有何等價値？（二）精兵主義固可逞一時之威力，然其武器之放射率愈高，消耗率自亦愈大，以四百人行四千人之消費，日本財力絕難持久。（三）陸軍不能脫離海空軍單獨作戰，且需海空軍先行掃除困難，然後出擊，誠不知陸軍之功能何在？如一旦處於海軍勢力所不及之地，或空軍喪失制空權後，試問陸軍尚能從事戰鬥乎？日軍之所謂「協同」，可知不過是陸軍必須倚賴海空軍之門面語。（四）新式裝備，施於初見世而或毫無自信之人，其始或可生效，然純以恐嚇爲目的，必欲使人始終畏懼，蓋亦難事，卽以記者而論，初睹敵機轟炸，固有戒心，經見旣久，遂萌不過爾爾之念。以手無寸鐵之書生，已作如是想，乃欲用此等手段加於精忠報國之鬥士，直爲不可能之事。總而言之，日軍所可稱道之戰鬥能力，與其譽之爲富有重大威脅性，毋寧直接呼爲鋼鐵火業之大浪費家。然以日本之貧乏，此種物資，從何而至？言念及此，不禁寄與愛好和平之日本平民以無限同情。彼輩胼手胝足，勤勞終歲血汗所得，竟遭軍閥壓榨，浪費於不義之侵略戰爭。豈不寃哉！反觀我軍一月來所表現之事實，就士氣而論，再接再厲，寶山有殉城報國之官兵，虹口有不甘作虜之飛將。以視滁州日空軍之跪地乞降，淞滬日陸軍被攻至急時之舉槍納命，可證是非公理之激發作用，尚能表現於兩軍士氣之中。再就戰鬥效果而論，日軍目前所採之戰術，如此浪費，不但日本軍需供應難乎爲繼，其國民在負担上亦吃不消也，故書日軍之戰鬥能力，無論從任何方面看，均一紙糊老虎耳。

（三）

我軍之戰術究竟如何？此一問題須先涉及我軍之戰鬥精神及戰鬥能力，然後可以闡明。我軍以前雖處於極爲不利之戰術中，而表現於戰鬥精神及戰鬥能力上之成績，實爲光榮偉大。溯自甲午以還，日本軍閥不念千年來受我文化薰陶之德，乘我內憂外患，屢次趁火打劫。

23

二十一條，山東出兵，九•一八事變，一•二八事變，侵佔平津，無不明目張胆，對我恣意壓迫。必使同文同種之善鄰，在其窮兇極惡之政策下，窒息苦惱而死，以遂其吞併中國領土之野心。中國國民，焉能不義憤塡膺，攘臂而起，以求國家民族之生存。七月七日蘆溝橋之烽火既燃，八•一三上海之釁端又起，逼迫中國出而應戰。此種咄咄逼人之氣焰，已使全中國之國民不能再忍，況負保國衛土重任之鬥士乎？故在心理上言，我有理直氣壯之師，以拒彼內疚神明之衆。士氣之旺，可以想見。至於軍隊訓練，其成績亦爲人所共喩。無論爲調整師，整理師，或剿匪部隊，其裝備均屬簡陋，空軍之協同甚少，海軍之協同根本沒有，以當敵人海陸空立體戰術之威脅，此次參加抗戰之陸軍，無不咬緊牙根，至死不屈。世界任何國家之陸軍，恐亦不能有此奇蹟。此非誇大之言，試以一•二八中日軍每日用爲宣傳之「肉彈三勇士」，現役中吳淞戰場之所謂「肉彈六勇士」爲例，彼十萬人中，祇有寥寥數人，愍不畏死，卽引以爲榮。而我軍之犧牲精神及作戰能力，配備於淞滬戰場視死如歸之健兒，殆無一不是肉彈勇士矣。

我軍對於此次戰爭，既已明確認識其神聖之義。又本其數十年之實際教訓，發揮實力，故雖以簡陋之武器，其始猶自採取攻勢。飛機轟炸，重砲射擊，人類遇之卽成悲境者，我軍

24

視若無睹，不辭任何犧牲，在重重砲火中，奮勇突擊。閘北沿租界之線，八月廿一日曾攻入北四川路虬江路；江灣沿租界之綫，八月二十二日曾攻入匯山碼頭；楊樹浦沿租界之線，先後由華德路攻入齊齊哈爾路，華盛路，遼陽路，大連灣路，舟山路，公平路。明知敵人挾持新式武器，又在租界內以數十年經營之據點，在一百處以上，其抵抗力之强，不言可喻。然我軍既已迫而應戰，初試鋒鋩，不覺情緒高漲，其勢難遏。以肉血之軀，抵擋敵人新式武器。凡此諸役，除攻匯山碼頭一戰外，其餘各役，多行白刃衝鋒。此種戰術，用於敵有據點之市街戰，原難收得效果，但竟達成任務。我優敵劣之勢，卽已盡情暴露。蔣委員長平昔教育官兵「精神勝過物質」一語，亦從事實證明矣。但行此種戰術，用之於最後五分鐘之主力戰，必收莫大之利。前此兩軍搏戰之時，卽行使用，或將認爲不值如此，其實此亦另有意義。蓋我軍雖有十年戰場經驗，但從未與新式裝備之敵國部隊接觸，所以採取攻勢，卽欲獲得實際效果，用堅將士作戰之自信心。就另一方面言：敵雖憑藉新式裝備，亦不足阻我出擊之軍，使敵重新認識新式裝備之不足恃。有此兩種結果，我軍之士氣自然旺盛，敵人之士氣必致沮喪。此在兩軍心理上之影響，於我至爲有利也。

租界北區之敵既已受此嚴重打擊，不能向外發展，遂自十六日起，以增援之敵偷襲浦東

25

●瀏河●羅店●吳淞●張華濱●蘊藻濱●沙龍口●虬江碼頭諸地，陣綫逐漸外擴。我之戰術亦一變而為守勢防禦。其間陣地幾出幾入，我軍傷亡雖重，敵亦傷亡萬餘。因其努力奉行對華作戰要點，使盡平生氣力，儘量利用飛機大砲，結果所費不貲，反以助成我消耗戰之目的。我軍則漸趨穩健，不予輕易出擊。八月二十八日王師接得確報，張華濱之敵，陣地確已動搖，始予總攻。九月八日楊行前綫楊團增援後，第一命令，即「為節省子彈」，可見我軍盡量儲蓄實力，以應付主力戰。此種戰術，當無可議之處。

九月十二日我軍自動撤至第一道防綫後，仍採守勢防禦戰術，逐漸脫離敵海軍砲之威脅，陣地工事有月餘之經營，相當鞏固，敵機轟炸，亦無所懼。敵之陸軍出擊，此在我軍求之不得，因除敵海空軍外，其陸軍誠不堪一擊。此非輕予嘲笑，實其戰鬥力之估價，祇能如此。故我進入預定陣地後，找出敵人缺點，便可隨時出擊。九月十五日，一鼓而收復羅店，即為證明。現行之戰術，不但可以節省物力，並可保全人力。敵如以攻勢姿態向我進犯，其犧牲自必較我重大。消耗戰之任務，今茲始漸達成。綜觀全盤戰術，初用猛烈攻勢，以挫敵人之鋒；現行守勢防禦，以儲我軍之力；始終由我主動，勝利之把握，其在此乎。

（四）

我軍物力雖不及敵人，一月以來之上海抗戰，論戰術並未失敗，論戰略則已成功。且於整個國家之命運，發生一新的好轉。大時代對於吾國之賜與，良非淺鮮。世人每以戰爭爲苦者，被壓迫之中國，反由抗戰中自力更生。此非故作樂觀之言 依大勢觀察，敵我兩方於上海之戰後，在政略上所發生之結果，優劣之勢，判若天壤，今舉六點以爲證明：

（一）敵初以爲祇用恐嚇手段，不費一矢，即能壓迫我保安隊退出上海，視上海亦如東北之垂手可得者。結果適得其反。自遭我軍英勇抗戰以來，所受無形有形之損失，有非想像所及者。其一貫的如意算盤完全打錯，是其政略上失敗之第一着。抗戰以後，姑不論其傷亡慘重，元氣大傷，即就被其侵入之江岸五十平方英里之地而論，除市政府之少數堂皇建築外；寶山，羅店，吳松等處，無不因抗戰而變爲一片焦土。敵以極大代價，得此焦土，不知派何用場？戰區人民，鑒於敵軍姦淫燒殺之獸行，盡已逃避一空。不但胡立夫之類的漢奸絕不能再起，真使日軍踏入「無人之境」。記者獲睹東京朝日新聞所載侵入羅店之照片，敵之聯隊長和知鷹二，以愁眉苦臉之表情，立於羅店鎮礫瓦之場。又寶山入城之敵，雖揮旗舉槍，故作狂態，然其照片背景，盡係斷壁頹垣，此種堅壁清野之策略，實予敵以重大打擊，使其軍事佔領之地，完全無所利用。而造成堅壁清野之實者，又係敵之飛機大砲，付出最大代價，獲此「石田」，全是蝕本生意。敵在政略上的失敗，此其一。

（二）敵之常備正規陸軍，原祇十七師團，而用於鎮壓國內反動，防止殖民地革命運動，應付東北義勇軍，至少應使用六個至八個師團。七月七日華北抗戰事發，敵在津浦平漢兩線作戰之部隊，據知已達五萬，其番號爲第四，第十九等師團，合之約近六個師團。上海抗戰事發，海軍勢窮力蹙，不得不由陸軍增援，使用於上海之兵力，又逾五個師團。是則日本之陸軍，在目前卽已竭其全力，將來戰區再一擴大，敵卽絕難勝任。其所以不敢在青島尋釁，並非日軍閥愛惜其商民二十萬萬元之投資，實無能再釀事端，增其担負。而近日擾亂閘者，祇是敵之海空兩軍，陸軍竟無聞焉，可見其捉襟見肘，窘態畢露矣。日本向來之假想敵，爲俄爲美，陸軍對俄，海軍對美，成爲一貫之國是。今以侵略我國之故，竟將陸軍兵力使用殆盡，尚未能征服中國，誠不知假想之敵一旦見諸事實，則將憑藉何種力量，以圖生存？敵在政略上的失敗，此其二。

（三）日本已成債務國，此次侵華軍費，兩月之內，竟已兩次要求追加。第一次「北支事件費」總額十三萬萬元，第二次「支那事件費」總額二十萬萬元，合之爲三十三萬萬九千二百六十七萬一千元之巨。第二次追加之支出內容如左：

陸軍費	一，四二二，七一三	海軍費	三四九，九五八
預備費	二五〇，〇〇〇	共	二，〇二二，六七一

（單位千元）

此等費用殆將完全用於消耗戰上，而日本人民每人卽須增加負担四十元以上之戰費，況其對華作戰後，對華貿易亦幾完全停止。軍閥黷武，不惜大肆搜括，以作下不生利之事，結果必致民窮財盡。無怪日本財閥已有反戰之醞釀，故就經濟立場言，敵在政略上的失敗，此其三。

（四）東北事變後，日本退出國聯，已成孤立之勢。侵略華北後，又遭舉世詬駡，不但不自反省，更加一意孤行，再犯上海，引起世界之反對。以上就國際關係言，敵在政略上的失敗，此其四。

（五）上海抗戰後，敵竟疑神見鬼以爲中國必須依賴軍火進口，始能作戰。竟以大量海軍，違法封鎖中國海岸綫。不但欲使上海成爲死港，敵據伶仃洋東沙島等地，并欲威脅香港。殊不知此舉除予第三國以打擊外，對我並無多大之惡影響。反之，却使沿海密集人口遷入內地，工業，資本亦漸向中部遷移，爲我保存抗戰實力不少。敵在政略上的失敗，此其五。

（六）中央以精銳主力在華北及上海抗戰後，國內之統一益見鞏固，日本數十年所行離間分化之陰謀，現已盡失其效用。促成統一運動，主觀上固在我軍事各領袖之澈底覺悟，客觀上實由日本製造之形勢所促成，是敵欲敝我者反而利我。敵在政略上的失敗，此其六。

以上所舉，不過犖犖大端。敵不惜使用武力，以求貫澈其侵略主義，最後結果，亦可想而知矣。

（五）

由上所舉敵我雙方種種分析，合之得一結論，即我軍於抗戰之前途，確具勝利把握，然此勝利之因素，除作戰部隊仍須以始終如一之堅決的自信心及英勇的戰鬥力，完成其神聖的任務外，其他方面之助力，亦爲成功因素之主要部份。今請略論目前有助於抗戰諸事，並向關係方面建議，以爲本文之結束。

首須述及一可敬可風之事，即上海童子軍及青年戰地服務團等組合在戰事上之貢獻，實爲偉大。彼等沐風櫛雨，或出入陣地，任救護運輸之工作，或留守後方、維持秩序，服務之勤懇，行動之純潔，使人感到新興中國之勢力，確爲雄奇瑰麗。記者愧未調查，不知工作人員究數分配與否，如其不能，則曾受軍訓之大學生及公民，亦應挺身而出，分担其事。

上海市民對於作戰部隊之物質上的援助，可謂能盡捐輸之責矣，登一廣告徵求所需無不立至，國民之熱情義舉，誠可欽佩。然此有兩問題急應注意，一爲物品之運送，務須力求敏速。前此送赴××之麵包，卽因延宕日久，多已發霉，不能共作果腹之用。此中原因，或因手續周轉或多關係，以後如由一機關統籌辦理，收到時卽交各部隊之上海負責人，並設法撥給相當車輛，由其自運，既無積壓之虞，自可迅速到達，庶能於事有濟。一爲勸募捐款，此中流弊，層出不窮，軍費應由政府統籌統支，有錢者最好是認購國家發行之救國公債，愛國團體之經費應自行籌措，不能依捐款爲來源，爲求防止假借名義以期自私之輩，不宜再以團體或個人名義募捐。

軍隊運動和給養輸送，需要良好之道路及車輛，以增加其效率，記者親見市區各路凸凹不平者已多，甚至砲彈炸彈之洞，經月不塡，黑夜行軍，生出許多危險，如組成若干義務勞役之戰區工程隊，如此簡易工事，自屬輕而易舉，玆事原有身負專責之××局，望能注意及此。

前綫官兵之健康，在戰事上有直接之影響。目下醫藥界祇注意事後之治療，忘記事前之防治，如能動員全市醫生和醫科學生，本國民之天職，醫生之仁心，遄赴前線，爲我保衛祖國之鬬士，行必要防治手續，並由製藥家配送相當急救藥物，則較之等人死後送花圈之辦法，人道得多。又傷兵醫院似應由統籌機關多派人員，隨時嚴格考核，對於怠職之醫生及看護，苦進忠告，勸其毋以人命爲草菅，毋以做傷兵醫院醫生及看護爲時髦，必須熱心服務。對於傷兵之管理，尤望各部隊之負責人少開會，多去照料。至於戰地衛生，各地衛生行政機關在此時尚不發動實力，眞爲不可原諒之事。對於屍體之掩埋消毒等等，望能即有一種戰時組織去工作，以防止瘟疫之發生。

上海抗戰中證明五年來軍事上之準備，相當成功。而政治上則仍待加緊努力，例如保甲工作，即缺乏成績，以致漢奸活躍。民團警察，至少應做分段肅清漢奸工作，戰區人民，應加重其連保。

人民本其愛國熱忱，對於戰時動態，自是十分注意。新聞政策，切不可忽視。上海戰場縱橫數十里，戰鬬單位如是之多，軍方應設法使各種情報集中，以迅速之方法供給報館、介

31

紹國人。對於願赴戰地採訪之正當記者，尤宜予以便利。

凡此諸種問題，均係記者身經目擊，積鬱五內者，今茲舉出梗概，乃出於純潔之動機，期能於上海抗戰之實際行動，有所裨益也。（楊紀，九月十四日至十九日，上海。）

六・大戰東林寺

排長胡玉政揹着他的槍，帶好了手溜彈，領着他的一排弟兄，隨着連長開到東林寺去担任守備職務，那正是九月二十六日夜裏，天上沒有月亮，四野也沒有人聲，黑越越地，他們就摸索着走，夜風帶着潮濕的寒氣，吹在他們每個人的臉上，但是他們沒有覺得，因爲他們的心思完全注意在長官命令他們去守備的東林寺去了。

東林寺本是一個廟宇，地勢很高，是我們全綫的凸出地方，那兒可以觀察敵人的陣容，也可以射擊敵人的要點，所以敵人也要爭奪這個地方，東林寺不但是地勢好，而且風景也很美麗，好像水滸傳上說的「寨子」一樣，三面都是小河圍繞着，只有前面是一片稻田，微風時時把清香的氣息吹送到人們的面前，使得在這裏人們都覺得有一種特別的清爽。

胡排長到了那兒的時候，天也快要亮了，他們也沒有吃飯，好在一頓把飯對於他們也算不了什麼，就是幾天不吃，也滿不在乎。

寺內空空地，沒有人，也沒有東西，剩下的只有一些稻草，胡排長奉到連長的命令把衛兵，哨兵統統都佈置好，然後才把稻草鋪在地上，把槍彈當着枕頭，隨便地躺着休息，他是靜開眼睛等待着天光。

天已經亮了，太陽從遠處的雲裏射出光芒，原野顯得格外幽靜，忽然槍聲響了，劈劈劈，劈劈劈地響了，紅色的火花在蔚藍的天空中直向東林寺射，有一隊東洋兵在密密機槍掩護之下開過來了，他們在搜索，他們在找要點，他們的眼睛，像老鼠一樣四面偷看。

很快地，連長下着命令。

「對準開槍，我未說放，就不要打」。

大家都握着槍，散開了，靜靜地等着，東洋兵好像勝利了一樣，越來越近，連長說了一

33

聲，「放射」，第一顆子彈已經斯地一聲飛出去了，接連就是碌碌碌的聲音。

「退了，退了」胡排長很神氣地叫了。

34

「哈哈，東洋兵眞經不得打」，上等兵劉益山帶着非常驕傲的口氣，恥笑着那一隊聽着槍就向後轉的東洋兵，胡排長也帶着譏笑的口氣，他說，「皇軍就是這樣，哈哈」。

「不要這樣，東洋兵的鬼計還在後頭」，連長這樣說，「現在休息一下，急速準備」。

「東洋兵有什麽可怕呀，一點膽子也沒有」，上等兵劉益山又說一句，「咱們吼一聲，他也要跑退八里路」，說着，他嘩地一聲，把他的槍搭到肩頭上，很安閑地走出廟門去了。

眞的，二十九日清早的天還沒有十分明亮，大隊的東洋兵又開過來，連長指揮着弟兄們拚命地抵禦，但是來勢太凶，遍田遍野只看見密密連連的東洋兵直衝着前進，胡排長看着這樣的情形，急忙回頭一看，他後面躺着的都是帶了傷的弟兄，而且直挺挺橫在地下的都是被槍打得咽了氣的屍體，他想：「難道今天還要敗在東洋兵的手下嗎？」這一下他着急了，然而有啥辦法呢？他只得不惜子彈，密密射擊。

東洋兵逼得更近了，連長也帶了傷，胡排長這時更感到自己的孤單，然而東林寺這一所美麗的地方，這一個戰爭的重要地，怎能隨便給東洋兵佔去？他一面不停手地放槍，一面叫班長徐愛山回去求救，他想：「去了一個人，就少了一桿硬火，更減少壓迫東洋兵的一個威力」，然而為了要增加援兵來保守這一個重要的東林寺，胡班長就願意減少一桿硬火。

重機關槍的聲音響得像連珠砲一樣，胡班長的心急得快燃燒起來，他想：「這一下完了，再加一排重機關槍，這一個陣地實在無法保守！」但是他的心一橫，拚死地拔着他手上的槍，可是他的槍因爲打得太多的緣故，這時打不響了，他再回頭一看，能打仗的弟兄，只有四個人，「好吧」，他代着憤怒的聲音說，「上好刺刀！」他們很快地上好了刺刀，「嘿！怎麼樣，東洋人沒有衝來？」胡排長很奇怪，他想想難道還是做夢嗎，他睜大眼睛一看，稻子站在田土裏被太陽曬得閃出金色的光輝，很多東洋兵帶着傷倒下去了，而且在那稻田上面翻騰，他仔細一聽，原來重機關槍的子彈是從他的陣地側面放射出來，他臉上緊板的神經，一下裏鬆弛下來，好像卸了一個千斤的重担，他笑嘻嘻地對他的四個伙伴說，『啊！原來是援兵到了！』

趙營副帶了一連人，還有一排重機關槍到東林寺來援救胡排長，他們一陣機關槍的掃射，就把「皇軍」的隊伍打退回去，保衛了危急存亡的東林寺，胡排長接着他的時候，歡喜得流出了眼淚，趁黃昏的時候，胡排長拿了鐵鏟到廟宇傍邊挖了一個大窖，把這些殉國的英雄埋在土裏，兩連的官兵，都默默地站在窖前向他們致最誠意的敬禮，有的在爲烈士們祝禱，有的在對他們宣誓，他們說：「弟兄們」，你們安心去吧！這個最大的仇恨，我們是要替你們報復的，我們的祖國——中華民國是不能讓倭兒老是這樣蹂躪的呵，弟兄們，你們在天堂裏安心吧，這個大仇，我們是要報復的，祇要我們有一支槍，一粒彈，一個人，我們都是要和東洋兵相拚到底………」在衆人宣誓的時候，胡排長的眼淚像豆子一樣，一顆一顆地落在臉上，他的內心裏有一種說不出的痛苦，才三天的辰光，他的一百幾十個同伴，就犧牲得只剩他們四個人了，要不是這兩連的援兵到來，今天這個陣地就一定會被東洋兵佔去了，他的心裏，一面在痛惜他舊的同伴，一面又在感謝他新的朋友，他痛心地，愛惜地要再看看他所保衛的東林寺，然而在東林寺此時已被黑暗的帳幕把他包圍了，月亮躲避着，已經很久不出來，此刻能夠瞭解胡排長的心事的，除了他的伙伴和他死去的朋友以外，還有天空中的機顆繁星，他最大的心願，是要趕盡東洋兵。

東洋兵兩次都吃了敗仗，他們自已覺得離了飛機大砲「皇軍」也是不行的啊，這時他們的軍官悲觀起來了，連忙推出他們的輕砲和重砲，對着東林寺轟擊，他想，「佔不到，我就轟滅它」砲聲像打大雷一樣，砲彈一個個都打中在廟宇的牆頭，東洋兵也跟在大砲彈下面衝起過來。

我們的輕機槍，射得太多，忽然打不響了，東洋兵却凶猛地衝到了牆下，趙營副一點也不着急，他好像看慣了，滿不在乎地說。

「弟兄們，上去，請他們吃手溜彈」。

這時已經到了短兵相接的時候，手溜彈猛烈地爆炸了，趙營副好像打野狗似地，自己拿起手溜彈連連向着東洋兵拋擲，一連打了十幾個，中彈的東洋兵有五十幾人倒在地下，一動也動不得，將要衝過來的，反身就逃，遠處的稻田裏，東洋兵又忙忙地在築戰壕，他們要認眞地和我們對壘，戰壕築得相當的堅固，砲口就對着東林寺轟擊，白天裏他們都想衝殺過來，但是，沒有一次遂了他們的心願，每次都被中國兵打退回去。

十月二號的早晨，天剛剛亮了，靜靜的蔚藍天空，邊際上現着一條條的金色雲彩，空氣新鮮極了，它使得過餘疲勞的戰士們，都能在沉睡中恢復他們的精神，這是大自然賜給勞苦的好人們的唯一的安慰，可是野獸般的日本兵，他們却正要在這個時候來殘殺。

東林寺對面的砲火又響了，開花彈一碰在牆壁上就要吃人們的血肉，可是那沉重的，不通人性的開花彈，它就偏要撞到牆壁上來，而且還要往我們弟兄們的身上鑽去。

37

班長潘玉林他忙忙地扳開機關槍對準東洋兵衝過來的敢死隊掃射，二十幾個東洋兵都吃着子彈像得了軟脚病的一樣，身子一偏就到在稻田裏面、

38

東洋兵的敢死隊多得像戳破了的蜂巢一樣，成羣地踏着稻子擁起過來，班長潘玉林乘着他們不當心的時候，趕緊衝到外面對準他們拋擲手溜彈，東洋兵的敢死隊像得了急痧症一樣，一排一排地倒在田裏。

東洋兵的敢死隊衝到廟邊來的時候，已經死得只剩四個人了，這四個人被他們的中尉帶着，還是拚死地往廟內衝來。

廟宇內面，廟宇外面，滿地橫陳着的都是屍骸，我們的戰士的屍骸，我們的戰士還生存着的也只有五個人員，而且胡排長已經受輕傷。

東洋軍的中尉富田義信帶領着他的四個敢死隊員，衝進廟宇來毫無人性地就踏在屍骸上走，殺人的凶焰，已經把他們的眼睛燃燒起野獸般的光芒，胡排長這時急忙扳動手上的槍槽，對準着那個東洋軍的中尉打去，可是槍機失了效能，連扳不響，一霎眼中尉富田義信持着他的戰刀對準胡排長刺來，閃電一樣，胡排長的手上掩抓着那一把鐵鍬，那一把像埋他死難伙伴們屍體的鐵鍬，再也沒有那樣快，再也沒有那樣乾脆，嘿地一聲，就把那位「皇軍」中尉送到天堂去了。

班長徐愛山在中尉的身上解下他的戰刀來，毫不容情地砍死了敵人兩個所謂的敢死隊員

39

，這時上等兵劉益山已經身上吃了兩刀，雖然他的鮮血和着他的熱淚沿着他的臉上直流，可是他沒有放鬆他手上的刺刀，是爭活命是報大仇，是保守祖國的土地，他無情地殺盡了衝進廟來的東洋兵。

胡排長，徐愛山和劉益山三個人把敵人殺光了，他們坐在地上緩了一口氣，也顧不得自已的傷痕，先去把稻田內敵人的機關槍和步槍拖過來埋藏着，然後回頭來在幾位「皇軍」的敢死隊身上一搜，中尉的身上，不但有軍用地圖，不但有陣地上的重要信件，而且還有一個特別的東西——一張護身符咒，上畫一尊神像——圖上寫着，「保守平安」。

「皇軍」不但有飛機大砲，而且還有神，只可惜那些神，並不能保衛得着殺人魔鬼的活命，我們的胡排長，他既沒有飛機和大砲，身上也沒有帶着神，他只有一顆保衛國土，服從長官的決心，他帶着傷口上的血，殺死了敵人，他忍着痛心的淚，守着了他的陣地，奪獲了寶貴的戰利品。

（胡蘭畦，十月十六日，上海）

40

七・七十天的浦東砲戰

平時充滿了和平氣氛的浦東，現在却突然被倭寇的大砲和炸彈，轟壞了牠的誠樸的面目，軋軋的機聲，掀起了恐怖的空氣，可是敵人的足跡，始終不能踏上牠的邊岸。

自從八一三敵軍在滬開釁以來，到目前足足經過了七十天，這一向被漠視的浦東，却是天天引起了人們的注意來，誠然，她現在已從泥潭芊草中爬起來，投入了大上海發展的懷抱，看那吳淞口起點，迤南至白蓮涇，延綿不絕的碼頭堆棧，新興的水電事業，其他如酒精廠，紙廠 捲烟廠，和四通八達的大道，逐漸的形成了初期的工業區，且不說軍事上的地位，只此偉大建設，已足引起敵人的蓄意蹂躪了。

然而，敵人的兇焰，終究壓不了我們抗戰的精神，這浦東一地，在軍民合作之下，擊退了百餘次敵軍的進攻，當八一三那天閘北開了戰，我忠勇的空軍，就於翌晨趕到向敵艦投彈轟炸，實是我國空軍破題兒第一遭的發揮威力，當時泊在郵船碼頭的敵軍出雲旗艦，幾被炸燬，迨我機去後，那敵艦便領導浦江停泊的二十三艘敵艦，開始向浦東閘北開砲轟擊，同時敵機六架，在其昌棧陸家嘴上空與我空軍戰鬥，迄晚始息，到了明天，浦江中的敵艦，懼我空軍的威脅，相率向吳淞口近段駛泊，敵人對浦東的砲火，便暫時的沉寂了下來。

不過敵軍對浦東的企圖，全視浦西戰事的勝敗而時急時緩，在開戰到八月二十日的一週之中，閘北和江灣我軍節節前進，敵在楊樹浦的根據地，深恐發生動搖，便於忙亂之中，開始向浦東進犯，以作退守的根據地，可是爲着要防我駐軍的攻擊，所以先在公和祥對江的新三井碼頭，日華紗廠，十五間的三菱碼頭，洋涇港東首的老三井棧幾處預伏着軍隊，並以兵艦緊泊岸邊，以爲接應之勢，晚間則出外放哨，不時開槍試探我軍的實力，十四十五兩晚，曾與我軍發生前哨接觸，十六晚起，敵艦利用砲火，掩護步隊進襲，我軍相機應付，並乘機向敵軍盤據的碼頭進攻，戰事非常猛烈，到了二十日的晚上，敵因受我重創，相繼自碼頭退回兵艦，二十一日起浦東的沿岸，敵軍絕跡，惟敵艦時向浦東砲轟，因目標的不準，我軍並無損失。

至是敵軍的企圖又轉移目標於沿海，二十二日的侵晨，敵艦十二艘，駛往白龍江和川沙的海面，向岸上砲轟，預備登陸，可是當他們二十隻小艇弋近岸邊時，我駐軍立予轟擊，敵艇沉沒了大半，敵軍溺死三百餘名，登岸的企圖完全失敗，入晚敵艦急駛黃浦江，集中火力來轟擊三菱和新三井後背的我軍陣地，同時敵軍二百餘人，在那二處强行登陸，經我軍迎頭痛擊，殲滅了四十餘人，敵軍就潰退兵艦，我軍遂乘機佔領這二處的陣地，予二號浮筒的出雲艦以重大的威脅，該艦乃於二十三日晨光曦微中，急急向吳淞口逃了出去，過了二天才回到原處。

那時候，敵在閘北江灣，仍無進展，援軍雖時有開到，可是屢犯張華浜和蘊藻浜均告失敗，以致一籌莫展，所以對浦東方面的進攻點，也游移莫定，自八月二十四日至九月五日之間，敵艦斷續砲轟浦東，我軍亦時予還擊，入晚雙方的砲火，在黃浦江邊閃爍飛舞着，小股敵軍的滋擾，不下十五次，均被擊退，我軍爲肅清敵軍的根據，繼續佔據日華紗廠，發現其中敵軍所儲藏的軍火，二百餘箱，一併予以沒收，從這一時期起，沿岸的陸家嘴，春江，游龍，新三井，新三菱，老三井等各碼頭，均在我軍扼守之下，浦東的各市鎮，漸次回復到平時的狀態，商店大半開門營業，而沿海方面雖數度有敵艦出沒，可是我防守嚴密，敵無隙可乘。

敵軍屢攻不逞，浦東方面的戰事轉趨沉寂，雖偶聞一二砲聲，不過是敵軍的消耗彈藥而已，到了九月十二那天，敵艦二艘，强泊其昌碼頭，當被那棧的巡丁俄人出而驅逐，雙方便發生衝突，結果犧牲了一位盡忠職守的巡丁，而敵艦仍退泊江中，乃注視於浦江下游，在十五日午夜時，敵艦五艘，突駛至杜陵涇昇港淞處，以砲火掩護千餘人的大隊敵軍登陸，我駐軍不動聲色，俟其逼近，以機關槍迫擊砲猛轟，敵倉皇逃退，死傷累累，他們確是遭，空前的重創。

在無計可施之中，敵乃着重於飛機的肆擾，九月十七日晨八時，就來了轟炸機十三架，先後在楊家渡，爛泥渡和浦東大道一帶投彈，瓦房被燬的很多，平民亦有死傷，而我軍事上，却無重大的損失，這是敵機肆意攻擊平民的慣技，在一星期之中，每日有大隊敵機飛來轟炸，以致比較繁盛的市鎮，洋涇，高橋，爛泥渡，董家渡，塘橋，張家牌樓等處都遭空前的浩刼，民房傾圮難於計數，連那浦東唯一古蹟欽賜仰殿，也牆坍壁倒，破壞的不像個樣子，可是在各處的居民，始終鎮定如常，尤其在沿海那邊川沙南匯二縣的農民，每天在敵機轟炸之下，度着秋收的生活，大量的棉花、蔬菜，雞卵等農作物，源源運滬供應，這的確是長期抗抵中生產的好現象。

敵軍最初進犯浦東的用意，是欲在陸家嘴突出岸邊登陸後，南取白蓮涇一帶地段，東沿浦東大道，囊括浦濱重要渡口，以備楊樹浦敵軍敗退的根據地，並可控制我軍襲擊，而減少後顧之憂，可是經過一個半月的進犯，未能達上陸地一步，法術既窮，却是野心未戢，祇得繼續地濫轟亂攻的方略。二十六日又向浦東猛烈砲轟，我軍亦以重砲還擊，同時向楊樹浦敵陣地射擊，聲震全滬，這一次是浦江空前的劇烈砲戰，那天正是敵軍從江灣市中心區大敗潰退，又遭浦東我砲隊的　擊，工事被燬，以致不及趕築，狼狽的形態，有非筆墨所能形容者，而浦江中敵艇一再向各碼頭偷渡，無一次不遭我軍擊退，敵之死傷，更爲慘重。

十月一日起，敵乃改變戰略，採取游擊方式，那天傍晚，以汽艇一艘，游弋於沿江，到處窺探，經隆茂棧溯江而下，在春江，玫山，泰同，其昌，三井，華棧等碼頭嘗試登岸，經我射擊即退，這種戰略在七日午後，幾乎被敵軍僥倖成功，那日下午二時，敵運輸艦一艘，載敵軍一千餘人，駛至其昌及三井棧的中間，先以小挺來往游弋，窺探游擊，旋即偷登新三井碼頭，立刻以散兵線分佈各處，各憑煤堆掩護，架起十餘機關槍，準備進犯，浦江中的敵艦，也幫同砲　，我軍得報，當即以密集的機關槍或小鋼砲猛烈掃射，敵亦還擊，交鋒一小時之後，敵已死傷一百餘人，我軍乃自戰壕躍出，向敵衝殺，肉搏衝鋒展開了浦東向所未有的血戰，敵軍有退無進，紛向敵艦渡逃，我軍全勝而回。此後便不敢大舉進犯了。

十月十日那天，各國軍艦，紛紛懸滿旗幟慶祝我國慶紀念，獨是敵艦消聲匿跡的處伏着，可是一到晚上，又發砲犯我浦東，我砲隊立予還擊，神威大顯，擊中敵艦三艘，逃出浦口而去，楊樹浦敵軍的儲藏庫，也被 燬，損失異常的重大，雙方砲戰前後接續幾達三十小時；敵艦所發的砲彈，不下七百餘枚，却是漫無目標，都落在浦東的田 中，我軍受不到重大的損失。

砲戰停後，敵艇又蠢動了起來，十四日的早上，向我陸家嘴春江碼頭衝鋒，竟達十餘次之多，往來均被擊退，敵兵死二十餘人，十五日的晚上，在我空軍夜襲之後，敵軍繼向春江碼頭倫渡，又終於給我機關槍掃退了，十九日起，未敢再來嘗試，不過敵機的 炸，無日間斷，可見敵軍已是山窮水盡，不得已應用破壞的方法，待機再犯，可是我軍準備嚴密，昨天二十一日敵在浦西左翼戰事失利，又向浦東砲 洩忿，我軍亦還擊，隆隆的砲聲，震動全滬，到午晚才停，敵再來犯，必將予以重創。

抗戰到目前，已經七十天了，在這一方面，賴民衆能與軍隊合作，大半的居民，雖在過着炸彈和機關槍掃射下的生活，却能安之若素，沿海的防禦又極鞏固，沿江堆棧林立，陣地固若金湯的浦東，直到現在，尋不出一些倭寇的蹤跡。（志揚，十月二十二日，上海）

八·爭奪羅店

八一三滬戰爆發之後，我們忠勇的戰士，後發先制，把虹口楊樹浦一帶敵人堅固的巢穴，緊緊的包圍着，血戰旬日，使敵人幾乎透不過氣來，敵人速戰速决的迷夢，完全給我們粉碎了，於是敵人便變換他們的戰略，企圖在長江下游各口岸登陸，把戰綫延長，牽制我們的江灣和閘北的兵力，八月二十二日晚上，大批敵艦，集泊在川沙口和獅子林一帶，施放煙幕，强迫登岸，我們雖已在江邊配備了相當的兵力，但是血肉之軀，擋不住敵人猛烈的砲火，於是大量敵軍，配備着新式鋒利的武器，由江邊向前衝進，我們守軍雖忘却一切艱困，抱定與陣地共存亡的决心，和敵人死拚，終因衆寡懸殊，翌午，被敵軍衝進寶山獅子林月浦等處，而到達羅店，如果這時我們的援軍不能立刻趕到，不能把敵人堵截住，不能把敵人打回去，那末淞滬的戰事，便立刻要受到極大的影響，所以羅店的爭奪戰，實在是淞滬戰事的重要關鍵，素以用兵神速著名的總司令陳誠將軍，在敵軍向羅店衝進的時候，立刻下令調集彭夏兩師，向羅店轉進，李師向嘉定方面急進，彭師的先頭部隊，很神速的在當天晚上，趕到羅店，和敵人發生猛烈的遭遇戰，敵人雖以重兵用了最新式的武器，發揮猛烈的火力，施行威脅，但是我們的戰士，沒有一個不在緊密的鎗林彈雨之中，勇敢地挺進，衝入敵人的陣地，前仆後繼地和敵人肉搏血戰，經過了差不多七八小時的鏖戰，終於把敵人的銳氣煞住，而給以重大的創傷，在敵人工兵的屍體上搜出一幅地圖和日記，我們知道這次敵人首先登陸的部隊是陸軍第四十三第四十七兩個聯隊，和工兵第十一聯隊，這三個聯隊便是敵軍號稱最精銳的久留米師團的部隊。

二十四日，李夏兩師也趕到了，我軍兵力益為雄厚，便向敵人忘命的打過去，羅店附近的敵軍給我們完全肅清了，除由李師担任羅店到瀏河一綫的防務之外，彭夏兩師又向西北挺進，敵人在羅店經過我軍這樣嚴重的打擊，兼以立足未穩，再不能擋阻我們的主力，所以我軍便乘勝追擊，收復了寶山獅子林月浦等處。

當然，敵人企圖奪取羅店控制太倉嘉定，威脅我們閘北江灣綫的野心，决不因此而止，所以在二十五日的拂曉，敵人的後援部隊，又在石洞小川沙等處登岸了，在大批飛機和軍艦掩護之下，再向羅店方面衝進，這時我們在這裏的工事，還沒有建築得十分牢固，彭夏兩師的隊部，又向西北方面挺進，李師因為防線較長，在羅店的兵力也不算雄厚，同時羅店鎮被敵人飛機炸彈和兵艦砲彈像撒豆般的密集轟炸，所有的民房，差不多炸毀完了，尚未鞏固的陣地，也多被毀破壞，我們的守備隊，大部被迫退去，僅留一營的兵力，在這無險可憑的羅店鎮上苦守，直到晚上八時左右，李師在瀏河方面的部隊，急忙的調回一團兵力，由旅長蔡炳炎副旅長李維藩親自率領，立刻全集羅店附近，原有的駐軍，乘着黑夜裏衝進羅店鎮，敵人雖有銳利的武器，總擋不住我們戰士忠勇的熱血，尤其蔡旅長李副旅長親臨陣地，身先士卒地浴血抗戰，結果又把敵人打退了，可是，我們的忠勇的旅長和副旅長，在這一役裏爲國捐軀了，這種壯烈的犧牲，多麼可歌可泣呢。

到了二十七日的晚上，我們第二次的部署，就是向川沙鎮進攻，還是由彭夏兩師担任了這一個使命，一口氣把那邊的敵軍驅逐到江邊，而完全殲滅，但是因爲軍艦上的砲火太密，我們的部隊不能在江邊紮住，敵人再以新部隊登陸，向羅店作第三次的進攻，從二十八日上午八時左右起，一直到下午三時左右止，飛機和大砲的轟炸，簡直沒有一分鐘停止，飛沙走塵，籠罩了羅店全鎮，僅剩的房屋和陣地，受了最後的洗禮，我們忠勇的戰士還是苦守着，使敵人不敢輕易衝進，一直到了薄暮，敵人更以密集機關槍和小鋼砲以及坦克車攻進我們陣地，我們的守軍，經過了相當時間的抗抵和壯烈的犧牲之後，在敵人的火力嚴重威脅之下，不得不退出羅店，這時我霍師剛從××方面開到嘉定，便奉令立即開赴前方增援，每一個兵士都興高彩烈的踏上保衛國土的神聖征途，轟轟烈烈的衝進火線，同時彭師的主力，也奉令向西轉進，協同霍師向羅店立即開始第三次的反攻，經過五小時的血戰，衝鋒陷陣不下十餘次，彭師由東南向西北，在夜色蒼茫中，奮勇奪回了羅店鎮的南半部，霍師也由西向東夾擊，敵人在那方面已佈置了二道鐵絲網，攔阻我軍前進，我軍奮不顧身，接連破壞了敵人的鐵絲網，衝入羅店以北的長橋，那裏有敵人清耳司令部，四週有更嚴密的防禦工事，也被我們破壞，直衝到司令部裏邊，敵人的一個指揮官，被我們擊斃，還俘虜了幾十個敵人，殺死的敵人更是無算，奪獲敵方小鋼砲一門，經重機關槍八架，手槍圖囊望遠鏡乘馬及脚踏車等各一，文件很多，可是我們也遭遇了相當的犧牲。

這一次的搏鬥，因爲彭霍兩師受通信的障礙，以致雙方不能相互策應，同時霍師在深夜裏爲河流所阻，所以沒有能竟全功，到二十九日以後，便在羅店鎮各佔半部的形勢之下，往復爭奪，日夜不停的衝續下去，有一度被我軍把羅店鎮三面包圍了起來，我們應該可以把敵人完全殲滅，後以右翼陣地變動了些，不得不把包圍着的東邊的陣地，向後撤退數百公尺，從這一次羅店的爭奪戰，使敵人充分地認識了我軍作戰精神，不敢蠢動，這樣的局勢，直爭持到現在，兩軍還是在羅店一隅對峙着。

最近旬日來，敵我在羅店鎮的爭奪戰，敵方是用了全力進攻的，除了大量飛機和重砲炸威脅，步兵的數量，也極雄厚，我們所發現的敵方番號，有二十二，四十三，四十四，四十七四個聯隊，總計登陸的敵人，至少在一個師團以上，他們在海陸空軍的立體進攻之下，原想一舉而把我們擊退，可是我軍充分發揮了應戰的精神，突擊的戰術，旺盛的士氣，忠勇的熱血，這些力量的結晶，比鐵還要堅强，敵人的企圖，給我們粉碎了，敵人給我們鉗制在一隅，已經知道要想衝進我們的陣地，是一件艱困的工作。

（陣中日報東戰綫，十月二十五日）

九・陳家行血戰十日

記者日前由某處返滬，因當時無順便車輛可乘，徒步東行一小時，頗感疲乏，即在車棚內略事休息，及走進棚內，適遇一位受傷的青年軍官，在那裏等候担架，我們彼此通了來歷，就同坐在一個轉輪的邊沿，我很客氣的送給這位軍官一支香煙，我自己也拿一支吸着，彼此定一定神，就開始接談起來。我很希望在這邂逅相逢的談話中，得到一點比較確實的消息，而這位受傷的青年軍官，也很願意把他們在戰場的經過情形告訴我，他便現出勝利和慨歎交并的氣色，用很鎮定而悲壯的語氣告訴我他們全師忠勇將士八日夜血戰的經過，茲記述如下。

我們就是九月中旬參加劉行，永安橋，小朱宅，那次與敵人血戰七晝夜，有楊，陳，耿，楊四位營長忠烈殉了難，那一次我們一師與敵人整個一師團主力對戰，雖然敵人裝備較我們強，但是我們終以大無畏的精神把他打退，陣綫始終屹立不搖，詳細情形各大報均已刊載，提起來，先生一定會記得的。

因爲上峯顧念士兵疲勞的關係，在九月二十日，把我們換下來休息補充，在很短的時間內，我們就補充完畢了，官兵們的精神也就恢復了，那時上海的很多愛國團體及各界聞人，贈給敝師很多關於作戰有益的物品，廖仲凱夫人等，給我們募了很多的藥品和面具，各團體各私人都捐募了許多什物，這都是我們的長官告訴我們的。上項的物品，我們都已收到應用了，我們全師官兵對於愛助我們的各團體及各先生，都是非常感謝的。

我們因爲國家危急，和自己的責任，以及長官對於我們的鼓勵，各界同胞對於我們的熱烈變助：我們全師官兵都願意早上前綫，替換友軍繼續作戰，使他們也得回來休息補充一下，因爲這種激烈的大戰，靠一個部隊長時間與敵抗戰是不可能的，必須大家輪流着去打。

我們的師長，旅•團•營長，都是富有學識經驗而英勇無畏的青年將領，他們在後方是捺不住性的，師長常對我們講，『爲國家民族的生存而抗戰，雖犧牲至一兵一卒，決不氣餒』，這話已成我們官兵堅確不移的信條，所以我們把個人的應用物品和彈藥補充齊全以後，我們師長又率領着我們這一萬多血性的健兒於國慶日的前夕，大踏步的開到蘊藻浜左翼陳家行頓悟寺方面，去替換友軍而加入作戰了。

我們二次加入作戰的那一天，正落着大雨，敵人的飛機不能光臨，所以給我們一個白天衝殺的好機會，十月九日這天下午，頓悟寺橋亭宅那方面吃緊了，敵人的大砲衝破了兩點，集中火力轟擊我們頓悟寺的一角，因友軍苦戰月餘，兵力傷亡較重，陣地稍現動搖，敵人乘機侵入了三千餘人，當時我們師長卽令潘團長陶萬率領兩營人白晝冒雨反攻，因爲這位潘團長和蕭光燦，趙鳳傳兩位營長，向來是最勇敢的，敵我兩軍經過半小時的肉搏戰以後，侵人我們陣地後邊的三百多敵人，三分之二是被我們的刺刀和手溜彈殺死了，逃回去的不到百十人，敵人的死屍，躺在棉花地裏，横三豎四地查不清楚，他們的膏藥旗和軍械都送給了我們，這一下子，給了敵人一個重大的膺懲，陣地是被我們這兩營完全恢復了。

那天晚上—國慶前夕—我們全師接替由陳家行至橋亭宅三四華里長的陣地守禦，我們整整作了一夜工，把我們的陣地强固起來，炸彈拿在手裏，槍膛裏裝滿子彈，在等候着倭奴的進攻，因爲敵人吃了我們一個大虧，這一夜他未敢進犯，只看見他們用繩子向後面拉他們已死的小鬼。

國慶日那天的早晨，我們從收音機中聽見上海各界與日本經濟絕交的狂呼，同時敵人的大砲又向我們的陣地打過來了，可是我們也不客氣，他們的砲彈來，我們的砲彈去，來一還十的比例數，轟隆隆的互射起來，敵我的陣地前後成了一片黑煙，我們看見我軍的砲彈打過去時，戰士們都拍掌叫好，但是小鬼們可吃盡了苦頭，他們是蜷伏在棉花地裏揩眼淚，叫姆媽，唸阿彌陀佛，但是都不生效力。

這一天，敵人已知道了我們砲兵的威風，他們爲死裏求生計，在黃昏時候，又用五六百兵力，向我們頓悟寺陣地偷襲，我們×團長在後面指揮，遂將計就計，把陣地放開一個角，讓他們衝進來，親眼看見他們似進而非的進來百多人時，×團長馬上用預備隊上的李營包圍上去了，敵人曉得我們是有計劃想殲滅他們的，但他們知道時，已被我們前後左右的槍火鎖斃殆盡了，結果只有十幾個人逃回，膏藥旗和他殺人的兇器又丟下了一大堆，這一次最可惋惜的就是當敵人半數進入陣地之後，我們忠勇善戰的蔡營長，他親自帶着一連人，去截斷敵人歸路的時候，與敵人的官長拚了短槍和大刀，不幸陣亡了，本師又少了一個能戰之將，師長，旅，團長都很悲惜，但是他爲全民族爭了光榮，我們又替他榮幸。

敵因攻頓悟寺，橋亭宅受了挫折，他就把攻擊的重點移到了陳家行，除十二日頓悟寺一度吃緊外，十三日至十六日敵人每天都有四五次以煙幕大砲作掩護，以大部兵力向陳家行進攻，因爲陳家行是我軍陣地之重點，我事先已有充分之兵力配備于此，固守陳家行的將領，是×副旅長和××兩團長，這三位將領都是富有作戰經驗，於屢次大戰中迭著功勳的軍官，所以雖然敵人以强力來猛攻，但我們絕對有保守陣地的把握，敵人每次進攻緊急時，這三位將領都親自帶着機關槍，在緊要的地方去堵擊敵人，作戰之神勇，指揮之得宜，就是敵人見了也很欽佩，在十五日正午，敵人將陳家行的東北角的陣地突破了，我們當時沒有管他，等到夜半，敵人都放心睡眠的時候，我師長調集了十幾門迫擊砲，抽了最精銳一營人去反攻，這位營長姓張，山東人，作戰頂奮勇，我們十幾門迫擊砲，一齊發射了二百多發砲彈之後，步兵由張營長身先士卒的衝鋒上去了，佔領這個小竹園的二百敵人，多數被砲彈打死，其餘都死在我們的刺刀和手溜彈之下了，當晚敵再行反攻，但是又被我們打退。

十六日這一天，又是整日的血戰，在正午時，敵調集重砲十餘門，先用烟幕避我視綫，然後砲兵齊發射擊，張營長所守之陣地被敵砲兵擊毀，繼以大部兵力向我猛攻，張營長率部拚命抵抗，斃敵百餘名，敵因受我步砲兵之砲火壓迫，紛紛敗退，張營長見有機可乘，即出戰壕追擊，被敵槍擊中要害而受重傷，入晚抬至醫院，不幸因傷重逝世了。

敵因費七日之時間，耗去數萬之砲彈，死了五千多人，未能攻破我陣地，乃於十六日晚上對我軍施用毒瓦斯，當時守陳家行東北兩據點的士兵中毒者數十人，我發覺後，即用急救法行施救，死者僅數人，敵人如此慘無人道，全世界實應共棄之，這一天戰況最緊急時，我們師長曾親赴前綫指揮督戰，他已預備好了與陳家行陣地和忠勇的官兵們共存亡，當時傳遍了全戰綫，官兵聞訊無不勇氣百倍。

我們在十七日將防務交給了友軍守禦，接防時是那條陣地，交防時仍是那條陣地，我們總共殺敵三千餘，得了很多槍支，最使人滿意的，就是臨換防時有×團的弟兄，看清了有三個敵兵抱着一架輕機關槍，向我陣地前來，這位弟兄倒從側面繞過去，待敵接近時，連擲了兩個手溜彈，三個敵兵都被炸死，他一個人把敵人這架機關槍托回來了，他已經升了中士，師長賞了他四十元錢，像這樣智謀兼全的戰士，眞是稀見。

還有在十二日早晨我兵士一小隊，冒險衝入敵軍陣地，那裏有敵軍高射機關砲兩尊 正在描射我們的飛機，我們兵士就奮勇上前，把手溜彈拋去，火花起處敵人屍骸縱橫，兩高射機關砲亦到了我們手中，可惜，那兩尊砲太重了，我們搬不動，後來緊集了手溜彈，把兩尊砲炸毀了。

我們談話至此，適有好幾個兵抬着担架來接他，於是我催他上担架回後方醫治，並祝他早日全癒。（誠，十月二十八日，上海）

十·在前方的一夜

他開始告訴我那一夜的經過時，隨手在桌上拿起了白色的皮帶，火柴匣，紙煙罐，剪子，眼藥水，墨水瓶，和一杯茶，又隨手的把滬戰的前方擺設起來。這是揚子江（白皮帶）這是獅子林（火柴匣），寶山（紙煙罐），楊行（剪子），劉行（眼藥水），羅店（墨水瓶），月浦（一杯茶）。於是他又從衣袋裏掏出幾個銀幣來，放在桌子的一邊，說，這是大場。

57

『這一帶戰區裏（手指了指桌子上的雜物），有許多是軍事上的祕密，我答應過守口如瓶，所以不怕掃你的興，我不能不隱去許多我知道的事實，不告訴你了。

『現在這一帶戰區（手又指了指桌子上的雜物）已經沒有新聞記者能趨前視察的了。所以現在這一帶戰區裏情形，差不多沒有人知道，我能夠去一次，完全是我的幸運。經過了兩個要人的連環保證，經過我自已的指天誓日，他們爲了某種關係，不能不讓我去。這『某種關係』，是前方因需要防禦工程中最要緊的蔴袋，敝公司裏捐了十萬隻，而公司的棧房，是在戰區中，所以我能夠去了。本來也只是到了公司的棧房就不能再深入的，因爲到了那兒已經是夜深，他們爲了我的生命的安全，才叫我跟着他們一起跑，於是我在夜的前方，遊歷了五個小時。

『把十萬隻蔴袋分裝了十輛運貨汽車，這些汽車的外表是破舊不堪的，有的地方甚至是故意弄得牠航髒非凡，看看眞以爲是些一九二七的老爺車，其實牠們都配着一九三七的最新的機件。

『每一輛車四個士兵，我坐在第一輛汽車夫的旁邊。在我的旁邊，立着的是一個姓口的團附。口團附保證我一路上生命的安全，我也自信還有一些胆量，便奮勇的跟他們沿滬太路

58

如飛的前去。我們將經過大場，經過劉行到楊行，把蔴袋卸在楊行之後，再打原路回來。

『我不描寫夜是如何如何的美麗了，因爲晚上沒有月亮，我看不見四繞的景色；汽車自然不開亮燈，因爲怕飛機。可是耳朵很享受一些清福，這些秋蟲，蟀蟋，紗織娘，金鈴子叫得很起勁。

『過了大場，便聽見槍砲聲，接近地平線的遠處，每隔一分鐘便閃電一樣的亮一下。經過一小時的默默的旅程，忽然我和這位口團附之間，起了同情手足的幻異的感情，我們開始了談話：

『——口長看見做生意人肯捐出十萬隻蔴袋來，一定很歡喜，停一會，我給你介紹口長好不好？

『車子顛簸得很厲害，×團附接着讚美我們公司的蔴袋堅固，又嘲笑我穿的一套白嗶嘰西裝，這套西裝我在大場時已借了一套藍衣大褂換去了。秋蟲的聲音繼續的鳴叫，草裏彷彿還有響尾蛇的『——嘶——嘶』的悠長的聲音。

『——口令！』

突然在黑暗中爆炸出震人的蠻音來，團附也大聲的叫回去——『×』、經過哨崗時，有手電燈亮了一亮，照見幾個士兵，荷着槍，那種印象，是我永遠不會遺忘的。

『我好奇地問口團附——這就是前方了嗎？口團附哈哈的笑了，說這自然是前方，不過還沒有過劉行，可以聽機關槍的密集射擊聲，迫近楊行時，可以看見大砲。過了楊行，便是今天夜裏的兩軍爭持的『無人區』了。口團附告訴我，白天寶山縣失了。

「失了」我驚叫。口團附說；不過，天亮以前也許可以收囘來，×長親自在楊行指揮，你知道這是一枝精銳的兵，一切現代戰爭的器械都完備。他又肯定的說，一定，一定，寶山是天亮就會收囘的。

『——口令！』

『×！於是汽車又駛過去。可是路前面彷彿有着一堆黑影子，這便是壘着沙包的一個戰巷。汽車夫都是受過訓練的，他冷靜的急駛，現却慢了。他是第一輛車，要指揮後面九輛車的，他們有暗號。沙包的戰巷是壘得彎彎曲曲的，車前的燈亮了，依着彎彎曲曲的路前進。

「——媽的！有一個沙包旁邊的兵罵了，「開甚麼燈，不怕死嗎？」事實上他們不怕死，倒怕飛機！

『口團附和汽車夫立刻解釋，不開燈，這彎彎曲曲的路怎麼能走。「那末！」那個兵叫：

，「快走！快走！」片刻後，車出了沙包巷，又飛駛了，不過現在的速率已比較減少了不少。

『過劉行後，果然機關槍聲大起。而蟀蟋，紡織娘，金鈴子却依舊這末鳴叫，還有響尾蛇。

『我告訴口團附口喝了。

『團附突然特別的不豪爽，他忸怩了半天，才從他自己的熱水瓶裏倒出一杯茶，他說「你別小覷我一杯茶。在前線，我一杯茶比什麼還值錢，你們不知道在前線，一杯水是多末寶貝。兵士肚子餓了，不怕沒有乾糧吃，可是沒有水，那就是沒有吃，而且等於沒有一切。譬如肚子餓了，而你沒有水，那末只好有乾糧也不吃，乾着挨餓。一等到有一杯子水，那時，才能吃乾糧。我把這半杯子茶一口吞下，覺得不能熄滅我的口喝，可是我不好意思，也不敢再要。

『「蓬！」這是排砲，從月浦一帶射出。拋物綫地一個火球震動了大地，震動了我們的汽車，從我們頭頂，嗖匕地作聲，過去了。我的心直沉下去。口團附泰然自若的笑了。

『別怕！啊——你瞧！有好玩兒東西可看了。我順着他的手指望去，天空中不知何時已

61

懸掛了兩盞小燈，一紅一黃。口團附解釋這是砲兵的信號彈，你看了不懂什麼意思，可是砲兵一看，就知道他該怎末樣放射了。蓬！蓬！火球，震動了大地，連我們的車都跳了一跳（這不是修辭學或文章，這是事實），從我們頭頂咉嗖地作响，飛快地過去。機關槍聲密極了。蟀蟋，紡織娘，金鈴子却還是這樣鳴叫，還有響尾蛇。

我又安下心來，口團附高興的說『你膽子大，有種，一忽兒，我給你介紹×長，×長見做生意人肯捐十萬隻好蔴袋，又膽子這末大，一定喜歡。』片刻，他忽然高興地說：『你要看看中國軍隊的行軍嗎？』

『我自然要，『可是，』我說『在那裏可以看到呢？』

『囘答說，『就在我們站的兩旁！』

『我嚇了一跳，這末神秘的事情！眞在我車的兩旁嗎？我望了一望，望不見。口團附說，「可是讓你看看，不過會挨駡的。好！這是難得的機會，也讓你見識見識。車夫，開燈。

車夫奉令開了燈。

『燦爛的燈光裏，兩旁都是兵，默默的堅忍的負槍荷彈，一些聲音也沒有的在前進。

『我想起了古人所謂『啣枚疾走』的景像。約模兩分鐘的樣子，有一個營長駡了，「操

62

的，什麽時候！開燈！』果然，挨罵了，燈立刻少了，車又在黑暗中緩緩的移動。

『慚愧，我又渴得忍不下了。挨了半天，我告訴了口團附，口團附乾脆的回答，「忍着到楊行再給你水喝」。我已默然忍下來了，可是口團附拍拍我的肩膀笑了，「後方給×長送了兩大箱金山桔子，比我拳頭還大的鮮桔，我去偷一隻給你」。

『吃了桔子，團附又來讚美我了，「好傢伙，你膽子大」。

『我說，「沒有什麽呵，大砲在頭頂飛，機關槍老遠的，沒有流彈，怕什麽」？「誰說沒有流彈？你聽那些嘶嘶的步槍，就在我們車前車後」。

『啊，這就是我錯認的響尾蛇的聲音！立刻。我膽子寒了。嘴裏流出清水來了，我告訴口團附，我不上前了。可是楊行到了。

『×長在午夜三時半，正伏几安息；想一想這幅畫！「×長因爲勞了大半夜，現在正在桌上靠一靠」，他們說。

『如果是冬天，那些將軍「靠一靠」醒來，挺一挺胸，甲上的冷柱迸落，鏘然有聲——像古代的行軍紀上描寫的——這些抗戰的英雄啊！一幅何等英勇的畫！

『口團附進去的時候，我和一個士兵談天，有一句話，聽得我悚然。他說：「鬼子（他們稱日本兵鬼子）的槍打二千米，我們的槍打一千五百米，那怕什麼，我們跑上五百米再打啊」！這就是我從前方走了一趟，帶回來的關於士氣的一句話。

『我沒有和×長見面，就回來了，歸途上，口團附答應送我兩枚日本雷撒彈，我答應他用紅木或柴檀做成木架，將來戰後可供作不朽的紀念品。

『過了大場，快天亮了。最精采的事在這裏，我沒有想到我們的軍隊裏，連幾個汽車夫都訓練得這麼好。

『遠處的灌木叢中，突然一條紅線，冲天而起。這好像過舊歷年時小孩子放的蘭花條。

『口團附告訴我，這是漢奸的信號。車立刻徐緩起來。

『差不多立刻的，在車的正前面的高空中，撲撲兩個照明彈，大地條然亮了起來。

『車夫做了一個暗號，傳到後面，於是迅疾的，車急轉四十五度斜刺裏往路旁的一排大樹插過去，停了。我們立刻下車。啊，如果有福氣看到十輛汽車，整齊的，用同樣的急轉四十五度，而且同時的，往樹的行列中插入，同時停住。那末迅速！那末敏捷！眞像電影一樣！便是那時我望到這十輛車，停得這樣整齊，距離這樣精確，而且剛好把十輛車都蔽掩在樹葉底下，已經使我驚叫了。

『每輛車點過人數，便各人在田野中分散。稻已經結了穗，口團附牽着我的手，奔入田裏，撲下，立刻泥土的熟悉的氣息浮入鼻孔。

『遠處有炸彈的暴烈聲，飛機在天頂盤旋。

『車再駛動時，天已清爽了。我們用了七十哩的速度，開回上海。

『這就是我游歷這一帶戰區（手指了指桌上的雜物）的一夜經過。這是不朽的一夜，口團團附也一付笑臉說：『這種風景，出了錢也買不到；你眞有膽子。』我回想這一夜，也覺得我是過了一生中最有意義的幾小時。我很抱歉，有許多事牽涉軍事祕密，只好不告訴了。』（徐遲，十一月十八，上海）

十一·退出閘北

閘北於二十七日晨撤退了，從「八·一三」抗戰到現在，整整兩個半月，自十月二十七日以後，我們第一綫陣地軸心的閘北，換上太陽旗了！

我們在閘北有近百萬的人口，有千百萬的財富，我們在那裏有堅固的國防工程，我們的將士曾在閘北喋光榮的熱血，而今都消溶在漫天的大火之中。

閘北的撤退，表示戰局之進一步的發展，雖然我們隨時尙有反攻機會，就總個形勢說，我們抗戰的基點，已不能再在閘北一綫了。

上海市民的情緒，在已經漸漸習慣了戰爭之後，二十七日晨間的大退却，又把大家異乎尋常的興奮起來，大家憂慮南市的安全，大家懸心於蘇州河的防務，萬一有什麽不幸，「上海陷落」的刦運如果來臨，租界將成孤島，問題似乎太大了，中國人乃至全世界人，都將對於上海的得失發生重大的關切和影響，對於上海市民，那簡直有生死存亡決定的關聯。

因此，「保衛大上海」的呼號，無疑的爲全國乃至全世界人所贊同。

本來抗日戰爭應該在任何時間任何地點作全力的抵抗，上海是中國經濟文化的中心，而且有複雜的國際關係，當無輕輕放棄之理，但是，進一步的研究，萬一上海不守，對於整個中國存亡究竟有什麽大不了的關係。

上海的優點在什麽地方，有積槊的資本，有近代的科學技術，有近百萬的近代產業勞動者，有成千成萬的思想前進的文化人，這些是我們民族的精華，我們要比領土更加珍惜的保衛，但此外的上海，也是貪官汚吏，土豪劣紳的糜爛窩，欺騙，奸詐，投機，取巧，虛僞，

66

乃至高度自私者的蕃殖地，這些却正是我們民族解放過程中的障礙。

我們簡直可以說，上海之於我們，完全相當於土耳其國民革命運動中的君士坦丁堡，不錯，君士坦丁堡是土耳其那時的政治經濟文化乃至外交的中心，然而在國際勢力干涉與國防不能設備的情形下，君士坦丁堡之優越地位，只增加了國際敵人和反動勢力的便利，而給予凱馬爾所領導的民族革命運動以莫大的困難。

死死拉着上海和日本打仗，這是外交的意義强過軍事的意義，因為上海是國際市場，而且有租界關係，戰爭一定能給外交上以有力的刺激，從日本方面說，在上海作戰的目的，本無力由此直下南京，甚至於崐山蘇州也無問鼎的勇氣，不過，想把「上海市區」控制在自已手中，包圍着租界，在世界上可以吹「佔領上海」的大牛，助長她外交上的聲勢，我們不讓她完成這一志願，只是想給外交上又痛又癢的打擊，如果從軍事觀點出發，我們最有利的戰綫，並不在上海市範圍之內，所以退不退出上海，實在沒有什麼。

眞正要保護大上海，是要把上海的精華移至我們國防綫之內，讓我們的資本，技術，近代勞動力，和優秀的文化人，這些可寶貴的力量，充分發揮在民族革命的陣營之中，孕育成廣大雄壯堅强的抗戰力量，才是正確的態度，至於上海軀殼的存亡與否，實質上是太次要的問題。

目前的戰局，蘇州河一綫最少應可能如蘊藻浜一線那樣抵抗相當時間，日軍目前的地位，單就上海的形勢論，充其量不過佔了一半的勝利，上海縱然全被拿去，我們只要把精華有計劃的處理，此外所損失的不過是奢侈，腐敗，虛偽，奸詐，無國家民族意識的君士坦丁堡。（長江，十月二十七日，上海）

十二·四行孤廈內民族光芒萬丈

（一）謝團附談孤守經過

生存於現在的大時代中，個個人都有創造歷史的機會。閘北謝團孤軍，即是為我們大中華民族創造一頁光華燦爛萬古不朽的歷史的人。

67 民國二十六年十月二十七日，由於大場失陷，牽連到滬戰第一道防綫上的閘北軸心。為了避免遭受敵方的包圍，在閘北的十餘萬大軍，於接受命令之下向後移動了，而當時担任掩護後退責任的陸軍第八十八師二六二旅五二四團，在謝團附指揮之下，也完成了他們的掩護重任，使大軍有秩序的後退了。他們本來可以從容隨大軍後撤，但他們還要孤守閘北的最後陣地，即光復路口四行倉庫與大陸銀行倉庫。

該處房屋本是第八十八師的師部，也是孫元良將軍的軍部，他們在這閘北軸心上已經駐了兩個半月，對這一塊國土上的一事一物都發生了情感，他們不願輕輕的放棄給敵人，除了取得敵人的最高代價之後。

這一團實際上沒有一團，沒有八百，也沒有一營，僅有四百二十個誓死不退的同志，最高的指揮者爲團附謝晉元，（團長韓憲元，於節口抵抗掩護成功後，率領其餘一營奉命後撤了），及營長楊瑞符，他們均以誓死的決心，堅守這最後一塊陣地，敵人攻打了四晝夜，沒有動得他們絲毫，而敵人自已反死了一百名以上，而謝團則祇有十幾個同志殉了難，三十幾個同志受了傷。

三十一日的上午，因爲蔣委員長的命令，在軍令之下不得不遵從退了出來，他們一點東西都沒有遺留給敵人，一切都帶了出來，除了暫時放棄的一塊土地和毀壞了的房屋之外。他們的精神是偉大的！

現在他們是在大上海的一角休息着，記者奉社命，特於一日去訪問這位偉大的指揮者謝晉元團附。

在某處地方，經人傳達了之後，記者就隨着走了進去，傳達者和我介紹之後，記者立卽進前和歡迎我的一位軍人握手，他，就是謝晉元團附，他有一副沉默而瘦削的長臉，剃着和尙頭，穿着一套草綠色的軍服，左胸襟上面掛着蔣委員長的肖像，記者先代本報讀者致以無限的敬意，並將張萍舟同志託我轉達的電報轉給了他，我們就不客氣的坐了下來。

他的傷並不重，傷是在敵人的一個平射砲的彈片上受的，當二十八日夜間，敵人在無法可施的時候，就拿平射砲向這四行倉庫房屋內轟，這時謝團附正在忙着指揮防禦，一個砲彈竟穿過了牆頭打了進來，砲彈炸了，但是巧得很，這個爆炸的彈片剛剛打在謝團附腰間的皮帶上，故祇在左面腰間受了一點微傷。

他對我表示了謝意之後，記者請他談談孤守四行中的作戰經過。

他很高興的答應了，他說『我們這一團，本來是駐在北站大廈內的，十月二十六日晚上十時，大軍奉命撤退，我們奉了留守閘北的命令，於是在掩護後退工作完畢了之後，卽向預定的陣地四行倉庫集合起來，在那裏築起工事準備固守』。

『敵人來攻我們，沒有什麼可記的，他們就是靠機械，但是我們大家都決定了死，看見了敵人就打，四日夜之內，被我們殺死的敵人有一百多個』。

我們正在講的時候，有幾個外國記者也來訪問，其中有三個是路透社的，剛從南京謁見了蔣委員長來上海，特地來訪謝團長，要把我們這一位抗敵英雄傳播到全世界去。

他們對謝團附都表示非常欽服，他們說，在孤軍沒有退出閘北的時候，他們適在南京晉謁蔣委員長，蔣委員長也讚許孤軍的勇敢，同時他們並問了許多關於敵人作戰的方法，約一刻鐘才去了，我們仍舊談着。

他說『敵人的作戰能力，現在完全顯露了，我在閘北二個半月，一切敵方的利器，多已看到了，就是飛機大砲和毒氣三樣，現在敵方已經完全對我們使用過，而且大大的使用過，但是就只上海一塊地方，他們也不得不和我們打幾個月，，我們認清了這一點，就可以知道此後的結果，至於說敵人的步兵，作戰能力比起我們的士兵來實在相差得很遠，就以這一次在四行倉庫來講，本來敵人對我們是取着包圍形勢的，他在我們的倉庫外面停留着許多架機關槍和鐵甲車，倘使我們要退，那一定是犧牲很大的，照我自己的估計，我們這一營人要撤退，也得要與敵併去三分之二，出來的不過三分之一的可能，但是敵人不會利用，他在我們不動的時候濫掃機關槍』，他停了一停又說，這裏說下去要說到他們的撤退了，『當三十日晚上起，敵人的槍聲在我們的四週，一直就沒有停，我們是九點鐘奉到命令的，司令係以電話通知的——當時的電話沒有斷，我在奉到了命令之後，因爲外面的機槍很厲害，我就下令準備衝殺，並沒有把準備退出的命令告訴同志，因爲我們這時候個個是準備與此陣地共存亡的，及到命令來了，不得已祇有遵從撤退，可是又如何退法呢，在這樣緊張的時候，那里有衝殺敵人的痛快，待到三十一日上午一時的時候，同志已完全準備好了，那時我方命令遵命撤退，以三架機關槍斷後，先向敵人衝鋒，準備大殺一場，可是敵方竟不敢和我們拚，他們的機關槍手也已經擊退了，故敵人的槍裏也不吐出火來了，我們得以從容地退了出來，但是有幾位同志是在那時受了傷的』。

『現在我們各官兵都很興奮，我們即可開往前線去再和敵人死拚，本人亦「誓以此身與倭寇週旋到底」』。

後來，我再問他對於我們退至第二道防綫後的感想，他說『在整個中華民族和敵人拚命的時候，這種小進小退，沒有什麼道理，歐戰的時候，德國的軍隊已經打到了巴黎，結果德國還是失敗，就是一個好譬喻，我們現在不是求一時的勝利，我們要求的是我們國家民族的

71

永生，蔣委員長曾經說過，我們要從非常危險和艱難中才能得到最後的勝利，現在一時的小勝小負是算不了什麼的」。

謝團附廣東人，今年三十三歲，家屬仍住在廣東，有子女各二，他是中央軍校第五期畢業生，出校後，即參加北伐，輾轉分駐在廣東，南昌，漢口，及沿京滬滬杭甬兩路一帶，至今已經從軍十一年了。（匀秋，十一月二日，上海）

（二）楊營長談孤守經過

我軍自陣地移動後，獨留孤軍八百餘人，由團附謝晉元，營長楊瑞符指揮，堅守閘北光復路口四行倉庫與大陸銀行倉庫，苦撐四晝夜，始於昨晨二時許，因奉最高當局命令，全部退入安全地帶。這一幕英勇抗戰，引起中外注意，記者雖經數日調查，終以有關軍事秘密，未便輕於發表。現在我英勇將士已經退出，將在長期抗戰中與敵作更壯烈，更偉大，更有效的奮鬥！閘北孤軍的堅守雖事已過去，但他們在這一「天然堡壘」中的種種活動，却值得我全軍將士，全國民眾的注意，在今後英勇抗戰中實地應用起來，定於抗戰前途上有不少的效力。

因爲大場一點的突破，十餘萬大軍的陣地，作了戰略的後移。實行之初，大家還不免有些懷疑，可是事過幾天，大家都沒有什麼話說了；主要的，因爲我們的後撤不單避免了敵人包圍的犧牲，而陣地更形鞏固了。在長期抗戰總結算上沒有什麼不合算。

同樣，閘北孤軍因爲意志的齊一堅强，行動的敏捷果敢，實際已盡了殿軍的責任，使閘北數萬主力軍獲得了掩護，很安全整肅地退出了閘北。我們在一個佯攻之後，行動了一個整夜，敵人都沒有察覺，直到天亮才前進。又因爲楊營長的堅守，更根本避免了敵人的追擊；這是楊營已費盡了掩護退却的責任。

敵人劈拍劈拍地一連攻擊了四晝夜，傷亡了百餘人，消耗了無量數的彈藥，而我們困守的孤軍，因爲工事的堅固，技術的高明，只有五個人殉國，帶傷的也只有三十多人。因爲孤軍的奮鬥，引起了敵人的重視，世界人士的同情，民衆熱烈的抗敵愛國情緒：這是孤軍又一任務的完成。現在，他們全營歸來了！我相信他們個個人的信念更加强了！殲敵經驗更多了！在敵人重重包圍中度過了幾天，敵人的紙老虎也穿破了！拿這樣的奮鬥精神，再配以優良的陣地，雄厚的兵力，適當的時機，去對付敵人，那效果比長久死守在這孤懸的有限陣地上好得多。

記者昨天在細雨濛濛的午後，抱看滿腔的熱誠，到一個醫院慰問負實際指揮　軍作戰受傷的楊瑞符營長。楊氏面容很消瘦，而精神則出我意料之外的奮興。

他的傷在小腿部，他讓我看時，一肢壯健的小腿部，在無數層的紗布纏繞中，依他精神的良好，想在最短期間可以痊愈的。

我剛剛坐下，就有極濃馥的香氣撲來，仔細看看，原來他的床邊，桌上，都擺了好幾盆鮮花，有一盆是無名女郎送來的。我正預備談話時，該院護士長湯競羣女士又送一大盆菊花來，整個病室在芬芳的籠罩中。

「我這次很遺憾，殲滅的敵人不多，既未成功，又未成仁。………」楊營長首先謙抑地說。

「你這次既掩護了大軍退却，又殲滅了許多敵人，現在全部安全脫險，今後在長期抗戰中，更將大建功績，還有什麼遺憾」。我很直爽地作了幾句解釋，並希望他談談他們全營苦鬥的經過。

「好，我爲你從頭說起：十月二十六日晚十一時，我奉了留守閘北的命令，即率部向四行倉庫集中，當時炮火猛烈，軍隊分散各處，不易很迅速的集中起來。我命傳令兵分途出去

75

，先由北站防地集合了一連，開到四行倉庫，我帶第二連續去，三連與機關槍連隨後也到。

「因爲事前毫無準備，所以一直到午夜二時許才完全到達目的地。第一步先收拾炊具，找尋些必需的柴木，然後偵察地形，佈置陣地，開始構築工事；並破壞了全部電燈，以便軍隊隱蔽，並免敵人利用電綫放火。到一切部署差不多時，天快亮了。

「晨六時，在蒙古路附近旱橋警戒的一排兵前來報告說：『敵人前進了！』接着警戒兵一面迎頭痛擊敵人，一面逐步後退，退到本陣地時，已七時半了。那時北站大樓上，已插上太陽旗了，但是敵兵還未敢輕進，先用砲亂轟了一陣，見我軍還擊聲稀，才到處放火，實行所謂「威力搜索」。

他談到這里，病房內外已雜亂地站立了七八個人，都在靜靜地傾聽他的敍述。

「到下午二時許，敵人進到蘇州河邊，開始向我們進攻；警戒部隊立即應戰，庫內部隊仍趕做工事，敵來勢很兇，一面猛襲，一面放火，與我軍激戰二小時，敵傷亡達四五十名，待我警戒部隊退到四行倉庫時，敵又跟進，堵住倉庫門來襲」。

當時大家的面容，顯然受到他的感動，緊張起來，等候他說下去。

「那時我們的工事還未作好，所以我一面派兵堵門迎擊，一面派兵到房頂去投彈，投了二個迫擊砲彈，幾個手溜彈，倉庫西南牆下，就擊斃敵兵七八名，傷二三十名，其餘都跑走了。遺棄槍枝四五支，直到我們撤退時，還在那里放着，因爲我們派兵監視，敵始終未敢拿去，遺屍都是由警犬拖回的」。

他剛說得興奮了，要繼續說的時候，一個女護士送來一碗藕粉，他在大家催促之下匆匆下去。

「二十七日與敵激戰前後三小時後，敵人已知我軍不可輕犯，靜寂了兩天，少數敵，雖屢圖偷襲，均經我軍擊退。我們大部隊專門拚命做工事。這所倉庫，眞是一個「天然堡壘」，儲存了幾千萬包糧食，第一二三層樓都是小麥雜糧之類，四層與五層，是牛肉與絲繭，都很有用處。一層至三層，我們作了三天就完全告成。將每個窗戶門口均封閉了，南牆邊的廠包，堆積了五公尺厚，北邊各門口，築有十公尺厚，都是從地板到屋頂。第四層因爲材料不夠，並爲引誘敵人多多消耗彈藥，實際我們無人住在四層樓，第五層工事昨天已完成，這層工事非常好，比敵人侵佔的交通銀行倉庫高得多，我們完全可以控制敵人，敵人對我們沒辦法」。

大家正聽得痛快的時候，忽然走進來一位十六七歲的童子軍，向楊營長深深地鞠了躬，表示敬意以後，默默地站着聽話。

「昨天我們只顧在五層樓做工事，只派少數兵應付敵人，敵雖不斷來攻，我們在裏邊根本聽不大清楚，讓他去瞎攻，消耗子彈，我們子彈寶貴得很，沒有優良目標，決不放一槍。

「到昨晚（即前晚）十一時，我們作好了第五層工事，還剩了許多蔴袋，正打算放在屋頂，防敵空襲，忽然奉到撤退命令；同時敵人攻得漸漸緊了！所以我們預定五日完成的工事未再進行，否則屋頂與第四層工事今天均可作成了」。

這時，有女護士來試溫度，按脈搏，所以沉默了幾分鐘，有人還送來鮮花籃，楊營長說「我眞是受之有愧」！

「我們除忙着做工事外，還注意到防火，照明，衛生等設備。其次，簡直沒有水喝，倉里的水管都沒有水。後來在蘇州河邊一所破房子中才弄 自來水了但是恐怕敵人破壞了，所以在每層樓放一個水桶，把大家的小便都藏起來，以備防火之需。我們用棉花打成蘸些煤油點起來，作照明用，凌空擲下，同時還用一個棍子，綁上繩子，繫上民衆給我們贈送的大號手電筒，一人持着，將身子隱在一邊，一人向下投彈。另外還可以打信號槍。

「我們在北站與敵人戰了兩月多，敵人的一切，我們都曉得了；他們有的就是大砲飛機與戰車，可是我們已經有了對付的經驗，老兵一點不害怕，就是補充的新兵有時吃虧，他們的步兵太胆小了。

「在這里，工事這樣堅固，戰車原本衝不進來，重砲用不着，飛機因爲這個倉庫到底目標很小，不易投中，稍稍不準，就要拋到他們自己陣地」。

他說着並用水筆爲我畫了一張陣形，證明敵機的無用，絕對不敢直下轟炸，就是直下，我們也有防空設備，屋頂上早有兩架高射機關鎗等着。

「最怕的，是敵人在倉庫附近隱蔽的地方，挖掘地洞，用炸藥炸壞了牆，同時用戰車來衝洞口，那就不好應付；所以我們在晚間不斷用電筒向外探照，如發現有敵人活動，馬上就投彈。至於敵人用平　砲亂轟，實際毫無效果，這倉庫比北站大樓堅固得多，全是紅磚紅士敏土建成的，我們打一槍眼，也得費五個鐘頭。加上我們的四晝夜的工事，外方打步槍裏邊有些地方聽不見，眞可說「有恃無恐」。我認爲長期抗守很有把握，毫無問題。民衆在外邊爲我們着急，我們在裏邊倒「視若平常」，因爲一方面我們都有犧牲決心，一方面成功頗有希望，成仁符合我意。

我們沒有不達觀的地方。大家關心的只是我們的工事沒有完全作好，有這樣多的麻袋供我們使用，有這樣多的糧食，作我們軍食，有這麽多英勇的兄弟……實在捨不得。我同謝團附離開這陣地時，忍不住都落淚了」！他說着，眼圈似乎有點紅暈，又要落淚的樣子，我也全身發了熱，趕快脫了大衣，又向他解釋說：「你們的撤退，並沒有什麽遺憾，我們不是要長期抗戰嗎」？

「是的，軍人以服從爲天職，我們守是奉命，退也是奉命，而且是冒死退出的。我們退出的路口，敵人佈有四部機關槍，並有照明燈，我們打壞了一架，敵又裝了一架，我們是用兩架輕機槍，一架重機槍保護退出的。我們官兵苦守了四晝夜，大家只趕着作工事，誰也沒睡覺。

「這次堅守中，出力的都有那幾位」？

「那天投彈炸死許多敵人的，是排長殷求成幹的，他因未用棍子打電筒，被敵擊傷了右手。我們對官兵，只求能達到任務，這次堅守的，都很有決心，誰派到任務，誰都可以達到，殷排長機會好，所以表現好。我們這次的決心，是中華人民個個都有的，中華民族能延續到今天，不是偶然的。日本人不認識我們民族的歷史，一定要我們永遠忍耐，屈服到底，必招慘敗」。

他說着又想了想說：「還有一位上官連長，湯醫官，因移防時都在他處，直到二十八日才經過許多堅苦視死如歸地趕來，鑽進了四行倉庫，與大家決心共存亡，都很可佩服。另外有第三連陳排幾個弟兄，在敵人堵門來攻時，他們在敵機槍猛射中英勇奮戰，爬在地上弄了一臉灰，起來擦擦眼，又向敵還擊，待敵機槍又射，又隱蔽到地上，這樣更番苦戰的精神，都很不可多得」。

「現在事過了，你們當時的兵力分配，可否對我講講」？

「兵力佈置按戰術上分重點與輕點，最要是兩翼，所以我們左翼（即交通銀行倉庫那邊）右翼（西藏路方面）都配備重兵，中間兵力薄弱。我同謝團附住大陸銀行庫倉里邊，我們的重武器，計輕機槍二十七條，重機槍六架。高射機槍兩架，只要我們堅守下去，定可殲敵不少」。

楊營長是河北省人，中央軍校第六期畢業生，與閱戰陣亡的王作霖團長同期；一二八時在河南担任剿匪工作，初在第二師，曾參加過許多戰役，八一三戰起，冒了好幾次險。昨晨初次受傷，因見手上有血，始行發覺。（問津，十一月一日，上海）

（三）一守兵談孤守經過

「八一三」抗戰開始，在上海及其附近每一個寂靜的角落裏，將這悲壯美的手卷，慢慢的伸展開了，伸張到全國，而至於全世界。同時，此偉大的史劇的演出，也將沉睡在夢中世界的人們驚醒！誰不在說這安息了如許之久的睡獅，終於舞起了牠的利爪怒吼了呢！

敵人的坦克車擋不住中華民族的血潮洶湧，敵人的飛機炸不毁中華民族的精魂，全國四萬萬以上的同胞們，都疾呼着：『我們是不願做奴隸的人』！卽令我們的武器不如敵人，然而每個疆場上健兒們的鬥志，却勝過了敵人的千百倍。

看哪！中華民族復甦的國魂，當廿七日我軍奉令退出閘北時，在閘北四行倉庫樓上展現了！誰都知道這可歌可泣的事，是給予敵國覺悟的警鐘。雖然三十一日他們奉令退出，他們的英名却會永垂不朽。當他們在朝着四行倉庫含着眼淚與其暫別的刹那，每個弟兄們的心，都在飛迸着火花，據記者夾河而觀，和一個參加此役的弟兄回來談起，這歷史中眞有着無限使人慷慨悲歌的故事，同時也蘊藏着無限的英雄血淚。事情的大概，是這樣：

十月二十六日的晚上，天上沒有星星，也沒有月亮，大地只是一片渾黑，天空軋軋隆隆的機聲，抬頭只望見它尾巴上點點的燈火，然而，它沒有星子的偉大，對面堡壘的黑影後面，不斷的，不斷的劃出無量數長虹，長虹的尾巴上，僅有一朵火團似的光，步槍，像鬧鐘般的響，永遠不曾停過片刻，這是敵人從對面和左右給我們送來的烟火，中華民國的健兒們，却在這時候離開了這煙火的集中地，而朝着新佈置的陣地在蠕動了，想這時敵人還在夢裏，待幾十萬大軍毫無聲息的離開這兒之後，良久沒有一點動靜，即有，也只是我們掩護大軍撤退的四百多個人的稀稀的步槍，直至午夜降臨了大地，野犬亂吼時，敵軍方始發覺，回首望一望田野，借砲火的光力觀察一下，四郊已無遺物，我們的楊營長和謝團附望着我們笑着說：

『弟兄們！好男兒應戰死沙場，大家拿出最後的一滴血來同敵人幹一下吧』！

沉默，粗喘，血管像冒着火，使得渾身發緊的小泡，都在每個弟兄的熱血之中，默默的爆裂開了！

『報告團長：我們願同陣地同亡，我們不願屈服在敵人威力之下……』殷排長第一個先這樣說，弟兄們都齊聲的說：『對！我們不能屈服於敵人……』

『好！那麽我們大家就準備死吧』！

83

謝團長說過了這給予大家興奮的話之後，一連，二連，三連，都先後朝着前面偉大的建築——四行倉庫——靠攏了，這時一共是四百二十個人，大家一條心，堆麻袋，築工事，一層，二層，三層，四層，五層，這鋼骨水泥做成，大樓，是更加鞏固了，二十七挺輕機關槍，六架重機關槍，再加二架高射機關槍，分配得極其適合的，至晨一時光景，我們各按預定地位站好了，槍口朝着敵人，謝團長笑了，楊營長也笑了，四百二十個弟兄都笑了。

『這是我們的墳墓，我們的墳墓眞美！哈哈，哈！！！』

陽光漸漸的普照了大地，晨曦的美是如此的富有詩意，雀兒也許不知道戰爭，仍是唱着他的秋歌，雖然一夜我們未睡，但一點睡意都未曾有，『拍拍』！槍聲響了，蒙古路，爭桷的警戒綫，慢慢移動了，哨兵扯高了喉嚨報告，說敵人已朝此地進襲，讓大家作準備，這時北站已飄起了太陽旗，我們含着淚向我們的隊旗敬禮，並將其高懸大廈頂端，我們的眼睛都變成怪獸似的圓。

下午，沿蘇州河偷渡的敵軍，像獸般兇狠，約模一百多人，猛地裏往我們倉庫衝，排長殷求成說：

『弟兄們！不要隨便開槍，我們的子彈太寶貴了，待他靠近時再對付他們！』

大家都不說話，果然，日本鬼爬過來了，像狗似的，同時也同烏龜差不多，我們都忍不住好笑，笑他們的膽子和老鼠一樣，就這樣地他們靠近我們了。但見般排長由身上取了一顆炸彈，猛力的往這羣赤佬身上一摔，轟！七八個腦袋飛起了一丈多高，其餘未傷者就沒命的往回跑，二三十個受傷的倭鬼，也連爬帶滾的退了下去，此後就不再見他們了，只卑怯地派了軍用日本狗幫着他們拖死尸，然而，我們的排長右手上却受了些許的微傷，血流到臉上，流到身上，但他的拳頭仍不住的在空中亂舞，直至敵人逃走了之後，他方發覺他受了微傷，毫不在意的用布條捆了捆，仍若無其事的指揮我們，我們回頭望一望存在我們庫內的幾千萬包粮食，再瞧一瞧我們屋頂上飄搖的靑天白日，勝利的微笑，掛在每個人的臉上，這眞是一幕好笑的把戲。

有一部分弟兄，大家忙着拆電綫，以防敵人借電力焚燒，另一部分在牆的四週不斷巡視，深恐敵人以掘洞的偷竊行爲把我們圍牆炸翻，以戰車衝我們的防禦工事，雖然交通銀行倉庫在敵手內，但高度却不及我們，當然優勢在我們手中，無形中敵人是在我操縱之下，所使我們引爲困難者，就是水太缺乏，大家不得不想法補助，小便也留着不潑，預備萬一火警時，以此搶救，晚上點燈火，也極力節省，用棉團沾了煤油，權作我們的電燈，每當敵機來襲，我們就將其吹滅，同時屋頂高射機槍也發出威力，對此，我們很放心，因四週都是敵陣，假若敵機高飛投彈，輒會炸到自己陣地去的，何況他不敢低飛投彈，後來，他們實在沒有辦法了！只好用專毀障礙物的平射他向我們亂轟，但於我工事是無損的。

我們苦守到三十日那天，爲了把我們的墳墓擴大，同時也算是同日本鬼子鬧了窮心，於是我們便準備了機關槍，手溜彈，刺刀……等利器，衝出了大廈，直殺往上海銀行倉庫敵軍防地，趁日本鬼死睡之際，手溜彈拋了不少進去，但見從一個，二個，三個……以至於七個八個東洋赤佬都倒下了以後，他們不能再守了，於是退了下去，但我們爲着西藏路及交通倉庫的需人防守，我們不需要進取他們的陣地，只希望多殺掉幾個就得！

三十一日晚，在夜色籠罩中的蘇州河畔，又有一批黑色動物在那兒摸索了，這是猛衝大廈的一支敵軍，大約有百來個的樣子，差不多離我還一百多步，他們就開始衝鋒了，直到頂頭那個撐旗的傢伙開始爬樓的時候，我們方以手溜彈和機關槍向他們擊去，二十分鐘以後，這場面方始結束，遺下屍首二三十具，其餘殘敵均抱頭鼠竄而逃，我們除奪獲機槍兩挺外，尚有步槍數枝，大概十點多鐘的光景了！謝團長下令說：『我們要趁今晚時機，再向敵作一次反攻，大家應把最後一滴血向敵人洒去……』，這時每個弟兄的臉部都現出了緊張情緒，各把刺刀擦得光亮，在準備未來的厮殺，敵方的機關槍這時非常猛烈，不斷向我們襲擊，不到一時光景，對方見我並未還擊，槍聲逐漸停止，本團即乘此機會，以三架機關槍的威力，掩護我們殺了出來，始終沒有遇到敵人迫近，我們很納悶，謝團長爲什麽把我們送至安全地帶？後經謝團長一番解釋以後，才知道接奉　蔣委員長密令，叫我們退出來的，弟兄們都哭了，但爲了軍人應服從命令，也無可奈何！只有回望着那苦守了四天四夜的大廈，洒了最後的惜別淚，事後檢點人數，共爲三百七十七人，被傷僅數人，只有五具中華的民族魂遺棄在大廈之內，餘均送院診治和臨時掩埋了。

剎時間遙聽敵軍的砲火又開始發動了，並有大批敵軍衝了過去，起先他們還是爬行的在往前摸索，後以照明彈往大廈中探照，於是方發覺此廈已是鳳去樓空！旋又見火光四起，由小而大，天際均被火燄照得通紅，我開始嘆了一口氣，想不到我們那五位殉難的義士，却給敵人行了火葬！碎片的爆炸，也好像這幾位民族魂在怒吼，敵人縱火之烈，由此可見，但我們均抱誓死抗戰的決心，大家齊聲說道：『赤佬！我們回頭再見吧』，這時謝團長楊營長也向我們來了一次會心的微笑，雀兒從我們腦際掠過，似乎歡送我們安然歸來！但這時我們却含着熱淚向大廈行了一次惜別的敬禮。（寄萍，十一月五日，上海）

十三·憶夜戰場

閘北退兵了！就全戰局說，沒有重要關係。而從前我們不便發表的地區景物，現在已全成過去，可以任情的講了。我們的過去戰場情緒，是不應該敗的！

在制空權喪失了的戰場，西半球對着太陽的時候，才是我們將士飛躍活動的時間。我們戰地新聞記者的活動，也不能不是主要的在夜間。飛機啊！最初發明你的萊特弟兄，是打算拿來屠殺人類的呢？還是被不合理的社會錯用了呢？日本飛機每天幾十架在上海附近戰區投炸彈，打機關槍，然而飛機是日本民衆的血汗之積纍，炸彈是日本國民應有的生活享受被剝削的創痕，日本國民果何曾有對中國人民有不可解的寃仇，而忍將其辛苦經營之成果，不用之於自己生活之享受，而用以無情的屠殺中國呢？

屢屢在夜間出入戰場，租界中繁華奢靡的市面和租界外悽涼慘暗的情形，使人發生兩個國度的印象。在一個强有力的國家勢力所及的土地上，那怕是只有一面國旗在那裏，而且不管對於那塊土地的統治權是否來得正當，然而侵略者對於那面國旗後面所代表的力量一加考慮，就不能如對付弱勢國家的爲所欲爲了！

僅僅有少數外國兵崗位的裏外，就是平和與戰場的分野，我們數十萬的將士在這幾個外國兵崗位外面日夜和敵人的飛機大砲鏖戰，我們千千萬萬的人民每天在日本兇殘的轟炸政策下過活。全國戰場上，經過每二十四小時的戰爭，不知道有多少壯烈的傷亡，我們非武裝的城市和鄉村，也不知道有多少被破壞，我們的經濟文化的中心，不能在我們自己力量保護之下，建立在我們的後方，相反的我們的若干重要的活動，都是寄託於租界。

謝謝「一二八」的恩賜，我們能建造成功一條閘北和南市聯繫的中山公路，這是我們繞過租界通于上海南北的軍事交通要道。「八一三」以後的軍事運輸，中山路仍然作成功不少的供獻，可惜我們沒有在「一二八」之後，眞眞實實的把上海附近非外觀的武裝起來，這樣堅固的虬江碼頭，而今作了日軍登陸的便利交通點，市中心區裏面富麗堂皇的大禮堂，和圖書館博物館等輝煌的建築，在百孔千瘡之餘，還作成了方便敵人防禦的據點，就是這條中山路也沒澈底改造，使之配合于大量軍事運輸的需要，上海僅僅兩個多月的戰爭，中山路已經當不起繁重的運輸而凸凹不平了！

話又說遠了，當熱河戰爭之後，塘沽協定已經把河北平原的國防完全撤銷之後，平津實際已經進入敵人虎口，民國二十二年以後，北平若干高級文化和教育機關，還在那裏大吹大擂的從事於高大洋樓的建造，數萬和數十萬之代價一座的新式建築，接二連三的出現於古老的文化城中，其意若曰「加强國防第一綫上的教育設備」，則今天已道道地地的作成了日本軍隊的兵營！

國家在經濟文化各方面，需要不斷的建設，這是一點不錯的，但是建設的目的當然是爲了我們自己國家的利益，當我們處在强鄰環伺，國家生存根本感到威脅的時候，我們最切要的工作，是如何保護我們的生存，就是國防應該是第一，明明知道我們沒有保護力的地方，而復談物質建設，結果不但浪費了艱難的國家財力，麻木了民衆意識，而且在客觀上給予了敵人以便利！

夜間的前方，無論村莊和城鎮都很少見有普通居民的活動，眞如，南翔，閘北，北新涇一帶的一般民房，破敗得零亂不堪，有的是沒有了牆，有的是塌了屋頂，有一天晚上我去看過一所被炸的療養院，這是一所鋼骨水泥建築的近代醫院，日本飛機把他炸得亂七八糟，只剩了片段的牆壁，悽涼兀立在月色濛籠之中。

白晝完全不能活動的戰場，這數十萬英勇將士的攻擊，築工，飲食，運輸，補充等，都全靠着夜間來活動，我們的交通工具太簡單了，很難在一個短短的夜間，能滿足我們戰場上一切的需要，特別是將士們的私生活方面，太沒有照顧的餘裕了。需要刺激的供給，於是在好幾處破爛的村鎮上，發現了軍人或者勇敢的商人在夜間開市的雜貨店，罐頭，香煙，火柴，糖果，肉類，燒餅，花生，……凡是足以增加生活興趣的東西，幾乎無不應有盡有。在壁穿頂漏的破屋中，一枝魚油燭的光輝烘映着這樣雜貨商攤，人影幢幢的都是些衣服污濁，面目辛勞的士兵和夫役，如果在傷兵轉運站的附近，輕傷的將士，常常是這些商攤的照顧者。

在夜間本是敵人防禦的時間，然而他們的砲兵仍然不完全停止活動，他們估計着我們增援部隊必經的要路，不斷用空炸砲彈射擊過來，希望殺傷我們的人馬，阻滯我們的援軍，所以要路口的上空，總是「轟！……嘩！……」地經常遭受敵人的砲擊。然而據經驗所得，這樣砲擊的效力太小了，「轟嘩」了半天，只讓日本民眾的血汗，毫無代價的拋擲在中國領土上！

中國人對於「死」的觀念，似因民族革命戰爭之爆發而與昔日不同，洛陽橋是我們前綫一個夜間運輸聯絡站，在一天晚上因爲汽車擁塞，電光過巨，被日本打中了好幾砲，炸壞了十幾個人，其餘的人仍然很鎮定的安置了傷亡，繼續做轉運，買賣，救濟，分配糧食彈藥等活動。

中國古時用兵，形容夜襲軍隊，往往用「銜枚疾走」這一句話，意思是人不叫馬不斷的兼程前進，以襲敵人。這次上海戰場上我們軍隊的運動，全在夜間，後方到前方的生力軍，和前方回後方休息的辛勞隊伍，沒有不是魚貫而行，無無聲息的。

有一晚，我們去看×××先生，他那時的指揮所是在大場南面的孟家木橋，那裏是陶行知張宗麟諸先生所辦工學團的校址，戰爭以前，我在這鄉村裏和幾十個艱苦讀書的少年見過一次面，他們是那樣的天眞活潑和健壯，其中有幾位小弟弟，對於較深的政治分析，也能集精會神往下聽，聽到樂觀處，他們是那樣的興奮，聽到困難處，他們是那樣的憂心，然而我第二次到那裏，已經是庭闃冷落，人物全非，村口有雄威的哨兵問口令，屋內已掘成高厚的防禦工事，舊日課堂，已成參謀業務室，舊日少年們歌唱之地，而今是赳赳武夫踱步之場！敵人的大砲不斷的在天空中轟轟的響，機關槍在村外又是咯咯的作聲。

當大場戰局正緊，滬太公路上退下來一些士兵，他們一時脫散了隊伍，然而他們異常安靜的休息在公路旁邊，靜待他們長官的安排。老實平和壯健，情緒上他們是已經進入了近代軍隊的水準，震天的砲火，似乎對他們已經沒有什麼刺激。在沉默中隱然表示着不可侵犯的力量！

中國軍隊的編制裝備訓練，還沒有完全統一，這次在上作戰的軍隊之複雜，爲中國過去戰爭史上所未曾有，幾乎全國軍隊都混合使用到上海來，然而大家相互間的「同志之愛」，是異乎尋常的感動人的。經驗較少，器械較差的部隊，如果調到激烈的戰場上，原來已經撐持正猛烈戰爭的隊伍，一定告訴後來者以種種實戰經驗，請他們注意。有一次某師接防大場西北，前面已經犧牲很大的部隊，恐怕他們新來的同作，經不起敵人砲火的恐怖，先請他們在第一綫後方見習兩天，自己仍然苦撐下去，至到已經有點把握，才把防務交代過去。

傷兵的情緒，仍然很好，每一個傷兵轉運站都聚集若干輕重不等的傷兵，靜候着救護的車輛，救護隊的人員在他中間照料着。他們受傷以後，行動還是有秩序。在前線最勇敢的救護隊，要算僧侶救護隊，其次要算四川旅滬同鄉會救護隊，他們無聲無息的在前方埋頭工作，能深入第一線救護傷兵，得着前綫將士深切的愛戴。只是在十月廿一和廿二兩夜的總攻，我們於崩潰日軍之後，自己的傷亡亦大，眞如車站以西至南翔崐山之公路上，幾於每一岔路口，每一村店每一橋頭，皆集結衆多之傷兵！我們救護組織太無力了。實際工作的人沒有多少，車輛也太不夠，於是這大批突然增加的傷兵，擁塞途中而無人救護。卅廿傷兵一堆，十個八個一團，輕傷的帶着鮮紅的血跡，彳亍步行。打傷腿的只剩了一隻脚，有不少的扶着手杖，一跳一跛的前進。完全不能行動的傷兵，只有躺在大道旁邊，無可奈何的呻吟！慘烈的戰鬥受傷之後，又遭受到這樣悽冷的待遇，傷兵們自然不能忍耐了。我們的車在二十二日夜間過南翔赴崐山，沿路皆爲傷兵所阻，他們爭欲登車，然而車上所能容納的人數太過有限，他們於是想爬在車的旁邊和車的前面，然而這輛小車在那樣破爛的路上，如果過份的負重，只有大家不走了。因爲我們事實上不能不婉謝很多勞苦功高的受傷將士，他們於是乎怒了。幾乎沿途都有傷兵用木棍打我們的汽車，打得我們無限慚愧！無限悽愴！因爲他們這樣英勇的爲國家和敵人拚命，受傷之後，我們不能有完善的救護組織，迅速的把他們救到安全的後方，減輕他們的痛苦，這是我們政府和人民對不起忠勇的將士。在他自己立場上看來，我們爲國家這樣的犧牲，現在弄得生不生死不死的流浪到悽風涼夜的公路上，你們這般坐汽車的人，平日已經夠養尊處優的了，到這樣一個悲慘的場合，你們的汽車還不讓我們坐坐，救救我們的痛苦，似乎也太該打了！誠然他們不明白我的車是什麼任務，不原諒我車的容量，然而他們這種棍擊的行爲，是表示抗戰軍人對於後方有救護責任的人們的抗議！

這回眞眞實實算「打死仗」，敵人的砲兵把我們的村莊當銅牆鐵壁來攻擊，一個村莊動輒打幾百砲，他們的「區間射擊」，使我們沒有一塊地方能幸逃敵砲的摧殘，我們前線土木材料簡單作成的工事，被他們打得天翻地覆，然而我們的將士仍本堅定如山之抗敵意志，繼續前進，無窮盡的未死者，很快的補上了已死同志的崗位，永遠有新的力量抗戰衝鋒！當敵人猛攻蘊藻浜西南的塘北宅和陳家街一帶之夜，在洛陽橋附近的×××先生的指揮所裏有幾位年輕活潑而篤厚的參謀，異常安詳的和各方用電話連絡。洛陽橋以北的機關槍聲，「咯咯咯……」的組成一極廣大範圍的音樂隊！單拿他直轄的軍隊來說，那時已經一聲不響的補充了三次了。塘北宅本是一連人的陣地，我們塘北宅卻犧牲了九連人！一連打完了，再上去一連，直到一團人都完全犧牲在這一小小村莊上，日本的砲彈和炸彈不知在那裏放了多少，我在崑山聽到朋友說，守塘北宅那團的團長原來是舊友許良玉先生，他只剩了一個光棍到蘇州去接收補充兵去了。

打死仗的壯烈現象，幾乎全部戰場以及各部隊都是如此，我們很可以驕傲，很可以自信，但是回到××看看後方對於傷兵的待遇，不禁有幾分愴然！傷兵們千辛萬苦的回到××而在××的醫院只有兩個，一個是救濟委員會第一醫院，由上海東南醫院師生主持，他們人少傷兵多，整天忙不過來，裏面住滿了傷兵，有些夜間還沒有禦寒的被褥，送給他們的飯菜，

95

上面全佈滿着蠅，手術室內斷脚殘手的慘象，讓人憤怒到帝國主義侵略戰爭的殘忍！我們去那一次，醫院門口還有沒被收容進院的傷兵，有一個是打傷了腹部，衣服褲腰被血水泥土混合物，膠成了不忍久視的一團，他的全部下身，鞋襪綁腿和灰布褲上，整個的是剛從有水的戰壕和河水裏面拔出來的模樣，泥水還　潤糊在下半身，他已經毫無血色和毫無力量的靠卧在牆邊，秋風捲夾着塵土無情地在他臉上吹過，似乎只有慈祥的日光這時才慰勞式他給予他相當的溫煖！很難令人滿意的，是這裏那所官辦醫院的荒唐，他們的規模，遠比這裏爲大，而他們的工作是「韜光隱晦」唯恐傷兵找着了它！一所醫院的後門外，那時正停放着死傷兵的担架，一個死屍從蒙蓋他的破軍氈下面，橫伸着一隻緊握拳頭的着手，大概對於殺敵未完身先死，表示不甘心，而對於後方救濟機關的腐敗，似亦有無限的憤慨！（長江，十月二十九日，上海）

十四・滬戰兩月半

上海之戰，現已進入第三階段，且正急激發展。此種發展究能產生如何結果，端在吾人對於過去事實能否正確認識。如其能之，則本此認識以謀把握現在，創造將來，庶幾可於泛濫洪濤中收正本清源之效。記者因職務關係，久在戰區，既經二月餘之體驗，爰就觀感所及，略抒所見，以就教於讀者。

（一）

甲午以還，四十餘年間日本施予我國之壓迫，使吾人忍受至于現在，實已不勝痛苦，蘆溝橋事起激成全面抗戰，沿海沿江各省，非深受敵軍之蹂躪，即已慘遭敵機之轟炸，海岸綫亦被非法封鎖，文化中心、經濟重鎮，均已牽入戰爭漩渦。時僅三月，已成泛濫之局。此誠吾國對日之總清算期。抗戰結果，將來不外兩途，如非打倒強權，重新做人，即須淪于亡國之悲境。是故戰況之發展，關係吾人以及子孫後世之命運不能不澈底明瞭，俾國民能盡其應盡之義務。茲爲便於敍述起見，假定揚子江爲界，劃分全國爲南北兩戰場，其中再分若干戰綫。此種區劃之理由，歐戰時卽有顯例，以歐戰範圍之大，亦僅劃爲東西兩戰場（自波羅的海至黑海爲東戰場，自北海至瑪因河爲西戰場）。蓋依政略及地理之關係，並就作戰目的而定之也。每一戰場中再劃若干戰線，在北戰場中似可分立冀魯戰綫，（或稱東戰綫），察綏戰綫（或稱北戰綫），晉北戰線（或稱西戰綫）。南戰場中似可分立淞滬戰綫（或稱東戰綫），閩粵戰線（或稱南戰線），此則純依地理關係而言。舉歐戰之例，則「西格弗里戰綫」是也。該戰線爲興登堡所經營，故聯軍又目之爲「興登堡戰線」，是則且以人名爲名矣。

就全局而言，北戰場爲敵主攻之地。此實田中奏章以來之一貫政策，南戰場之事，殆已出敵意料之外。初欲略加威脅卽可使我望而却走者，反致玩火自焚，釀成如此嚴重之局面。吾人推斷南北兩戰場之相互關係，在戰果上言，敵生事南方，原欲牽掣我增援北方之兵力者，因我竭力抗戰，使敵勢成騎虎，不能不分兵南犯，自削北侵之力。我據主動地位，以逸待勞，不獨造就無限光榮之戰績，且使敵人疲於奔命，不遑兼顧。可證南戰場在全面抗戰中所處地位之重要矣。

97

北戰場之事，本報同人已言之屢屢。茲篇所言，僅爲南戰場淞滬戰線之事。簡括而言，自八•一三抗戰以來，我始行運動戰，本成圍攻敵巢之勢，迄至二十二日羅店初失，戰局外延，九•一一始改行陣地戰。十月六日敵大舉偷渡蘊藻浜，經二十日之惡戰，不幸全線鎖鑰之大場，突告失守，二十六日深夜我軍始自動退守第二道防綫。現在扼守蘇州河（即吳淞江）沿河東連租界西至姚家宅折向北行以迄瀏河之線。此陣地業已奉命死守，保衞上海之計劃，始終堅定執行，局勢正在急激之發展中。

（二）

「知已知彼，百戰百勝」。

吾人只知抗戰，而不詳究敵情者，蓋盲目之工作也。茲就各種諜報，綜編成左表，俾明敵所使用之兵力究有若干，而供我應付之策。其間倘無眞知，則寧付闕如。以待查明補正。惟軍事一道，瞬息萬態，目下情況或已變化，但信大體尚不差也。

南北戰場敵使用之陸軍，其番號已經發現者，計有近衛，一，三，四，五，六，八，九，十，十一，十二，十四，十六，二十等十四個師團，及各種特科部隊，特種部隊，海軍陸戰隊，人數估計至少在五十萬以上。超過其公表之常備兵額一倍有餘。使用於南戰場者約十五萬人，北戰場約三十五萬人。其配備如左：

北戰場

司令官　寺內壽一　前陸相

東戰線（冀魯）

第八師團長　前田利爲　一七聯隊長　奧鎗六助　三二　阿部規秀

第十師團長　磯谷廉介　三九聯隊長　沼田德重　四〇　長野義　一〇上野勘一郎　六三

中井重義　騎十　恆憲王

十二師團長　山田乙三　一四聯隊長　鈴木貞一　二四　中村明人

十六師團長　中島今朝吾　三三聯隊長　野田謙吉　三八　助川靜二　二〇　土橋永逸

西戰線（山西）

第一師團長　河村恭輔　一聯隊長　十川次郎　四九　竹內寬　騎一　中山保留

第五師團長　坂垣征四郎　十一聯隊長　上月良夫　四一　山田鐵二郎　騎五　小崛是繁

第六師團長　谷壽夫　二三　岡本鎮臣　四五　神田正種　騎六　豬本近太

十四師團長口土肥原賢二　二聯隊長　石黑貞藏　五九　坂西一良

100

以上兩戰綫尙有河邊，高木，川岸，山下，小林等兵團，及野戰砲兩旅團，攻城砲兩大隊。

北戰綫（察綏）

司令官　植田謙吉　關東軍長官

第四師團長　松井命　三七聯隊長口武籐桂太郎　六一　倉不忠一郎

第十四師團長　土肥原賢二　十五聯隊長　豐田範正　五〇　遠山登　騎十八　安田兼人

此外尙有酒井，鈴木，千田等兵團，六泉，十河，坂倉，一宮等混合隊，獨立砲兵一大隊，兵兩旅團。

【附記】北戰場之敵，計共陸軍二十三聯隊，騎兵九聯隊，砲兵兩旅團又三大隊，混合隊四個，兵團八個，空海兩軍兵力不明。

南　戰　場

司令官　永野修身　前海相

東　戰　綫　（淞滬）

陸軍司令　松井石根　近衞師團長　飯田貞固　近一聯隊長　關原六　近二　士屋兵馬　近

三　森岡皐　近四　原田熊吉

第一師團長　河村恭輔　三聯隊長　湯淺政雄　五　山口直人

第三師團長　籐田進　六聯隊長（已陣亡）　六八　長吉澤中勇　三四　加籐守雄　十八

中澤三夫　騎三口籐田菊治

第五師團長　坂垣征四郎　二一聯隊長　粟飯原秀　四二　天谷直次郎

第六師團長　谷壽夫　四七聯隊長口飯塚慶之助　十三　岡本保之

第八師團長　前田利爲　五聯隊長　井上貞衞　三一　西原貫治

第九師團長　吉住良輔　七聯隊長　青木重藏　三五　富士井末吉　十九　下枝金之輔　三

第十一師團長　多田駿　十二聯隊長　本鄉義夫　二二　田北惟　四三　淺間義雄　四四和

六　永野信一　騎九　森吾六　山砲三　芹山透　工九　野中利貞　輜九　三田村之助

和膺二　山十一　眞木盛平　工十一　山內章

第十二師團長　山團乙三　四六聯隊長　籐堂高英　四八　小島三郎

第二十師團長　川岸文三郎　八十聯隊長　鈴木謙二

此外尙有台北守備隊佐村，重沉兩聯隊，及台北倉本砲兵旅團，野砲，山炮各一聯隊，化學兵，機械化各一聯隊。

海軍司令　長谷川清

轄第十，十一兩戰隊，第五水雷戰隊，艦艇總噸數爲三萬九千六百八十噸，海軍陸戰隊約一萬人，航空母艦有鳳翔，龍驤，神威，能登呂等四艘。

空軍之陸上機約二百一十架，屬第三，第六兩航空兵團。水上機約一百八十架，有木更津，鹿屋，館山等三個航空隊，航空母艦載機各十六架至四十架，飛機總數約三百九十架。

【附記】東戰線之敵，計共陸軍三十聯隊，騎兵兩聯隊，砲兵六聯隊，工兵化學兵，機械化各一聯隊，南戰線（閩粵）情況不明。

綜觀敵軍兵力，似屬南多於北。實際配備於北戰場之兵力殆不止此。

且其新編之「兵團」，多轄兩個以上之步兵聯隊，或配合機械化部隊或戰車隊，故其戰鬥力較現役建制部隊爲強。日本竭澤而漁，使用如此之龐大兵力，以侵略我國，經四月之苦戰，局面猶未決定，足證我軍抵抗之力矣。

（三）

淞滬戰局迄今已歷八十三日、侵入之敵，其正南陣地尙膠着於上海市區之蘇州河沿岸至姚家渡之線，正西陣地仍膠着於北起太倉縣屬之瀏河口，經寶山縣屬之羅店，廣福，嘉定縣屬之南翔，以連上海市區之眞茹，接至姚家渡之橫線上，其間南北之長不及五十五里，東西之闊不及四十里，總面積不及二千二百平方里，較之九•一一我軍扼守第一道防線之前，敵進展雖將五倍，然以之比較一•二八之役，在時間上我已多抵抗四十八日。被佔面積則僅三分之二（一•二八時我軍曾自動撤至距離租界沿邊二十基羅米達之地）。種種得失，由於比較之觀念，卽可確證我軍抗戰意志之堅强，戰鬥力量之雄厚。玆以現役爲主，分析各次，體例數字如左。

作戰時間比較　一•二八　三十五天　八•一三（今天止）八十三天　比較增加　四十八天。

現役中我行運動戰時間共三十天，守第一道防線共四十五天，守第二道防綫至今日已有八天。

被佔面積比較　一•二八　三二九七平方里　八•一三　二三〇〇平方里　比較減少一〇九七平方里

敵使用陸軍數比較　一•二八　七七〇九〇人　八•一三　一五〇〇〇〇人　比較增加七二九一〇人。

【附記】現役中敵軍番號，人數及兵種，已詳上文，一•二八之役敵之陸軍計有一三兩師團，共祗二千三百人，第八師團約一萬人，第九師團（師團長植田謙吉）一萬六千人，十一師團（師團長松井石根）一萬三千人，十二師團三千五百人，十四師團二萬人，海軍陸戰隊一萬二千人。

敵使用空軍數比較　一•二八　二〇〇架　八•一三　三九〇架　比較增加　一九〇架

敵使用海軍數　八•一三　三九六八〇噸

【附記】一•二八噸數不明，艦艇總數約三十艘，航空母艦三艘。

敵官兵傷亡數比較　一•二八　二四一三人　八•一三　四〇〇〇〇人　比較增加　三七五九九七人。

【附記】一•二八，數字係日本政府公佈者，八•一三數字係記者個人估計，此種估計係依敵一再增援數目，以爲判斷之根據，然兩數均不一定可靠。

敵侵華軍費數比較　一•二八　一四八百萬元　八•一三　三三九二百萬元　比較增加三二四四百萬元。

【附記】各數均包含整個侵華軍費在內。

綜觀以上數字，足見現役中敵軍使用之力量，實已超出一•二八數倍，而得到之結果，反不及一•二八也。

（四）

日本此次侵略我國，使用兵力既有五十萬，則已超過其常備兵額一倍有餘。恰如一八一二年拿坡崙征俄之數。我國使用之兵力，爲數雖在百萬以上，但不及常備兵額二分之一。兩軍合計共在一百五十萬以上。較之一九〇四年日俄奉天之戰，超過一倍有餘。然日俄奉天之戰，二十餘日即告結束，現役竟已延至一百二十餘日，反有繼續擴展趨向。足見情勢嚴重之一班。所以能造成此種嚴重情勢，端在我軍抵抗力量之堅强。但我軍在現役使用之兵種，實以步兵爲主體。而步兵之裝備既不完整，兵器亦復缺少，如以此種劣勢軍隊，與敵易地而處，早已完全瓦解。然終能表現如此成績者，蓋以我軍上自統帥，下及兵伕，無不深切認識抗戰工作在歷史上之神聖的意義。衛國軍人，自以保衛國土存續國運爲職志，大義所在，不屑逃死。尤以各級指揮官確能服從領袖，運用部屬，而實踐「精神勝過物質」之敎令，全軍將士均持堅定不移之意志，以赴成仁取義之大節。期立功於後世，求無愧于祖宗。人人本此抱負，一往無前，直使世界驚奇，國人愛戴。此種心理戰勝之事跡，賴添歷史之佳話也。

在淞滬戰綫上，如上之例，殆已不勝枚舉。記者于滬戰一月記中卽以三事爲證，茲再轉誌本文，以明我步兵作戰之勇：

(一)八月二十二日攻擊匯山碼頭之役，除五輛坦克稍近機械化部隊外，餘爲步兵三營，衝入敵人數年來經營之壁壘，傷亡雖衆，仍攻擊不已。卒將該碼頭一度佔領，殆至敵艦集中火力，封鎖匯山碼頭至大德路華德路一帶連絡線，東西之敵又從兩翼夾擊，我進入之軍在此重大威脅下，猶不肯退。甚至有一連官兵，全被敵之燒夷彈焚死者，此種攻擊精神，宋希濂將軍喻爲歷史有名之日俄奉天會戰中，日人之犧牲精神，亦遠不及此。

(二)九月五日寶山守城之姚子青將軍，以一營之衆當敵海陸空立體戰術之威脅，苦撐三日之久，乃至全營殉城。此種成仁取義泱泱大國民風度，非有悠久文化及高尙德性所培育之軍人，孰能至此。

（四）九月九日敵以戰車五輛猛衝我春江路陣地時，我軍兵士二名，身裹炸彈，橫臥公路綫上，任其爬進，轟然一聲彈爆車裂，我士兵亦以身殉。是役計毀敵戰車兩輛。該綫竟轉危爲安，一・二八敵屢作宣傳之「爆炸三勇士」，視此眞瞠乎後矣。

以上三例，一證我軍攻擊精神之旺盛，雖蹈湯赴火在所不辭，一證我軍抱誓死守土之決心，確具「臨難不苟免」之氣節。一證我軍抗戰之英勇，願以血肉之軀，吸取敵軍之新兵器。此種步兵之造就，雖翻遍戰史，亦無能望其背項者。

十月二十六日晚，我軍退守第二道防綫，閘北担任掩護任務之步兵一營及一機關槍連，奉命扼守四行倉庫，不及退却，遭敵包圍，環攻四日，均拚命抵抗。其間某某方面兩次勸其安全撤退，均被婉辭。苦戰之第二日，在敵軍飛機大炮威脅之下，竟於倉庫屋頂升國旗，布炮位，尤爲英武果毅。四日間斃敵近百，陣地無恙，三十日奉到撤退命令，始全軍而退。其守也，奉命而守，以達成其任務。其退也，奉命而退，不爲沽名釣譽而逗留。始終在「軍人以服從命令爲天職」的鐵樣紀律下動作，實足爲世界軍人之模範。

107

吾國步兵精神能力之優秀，實爲奇蹟。茲篇所舉，不過聞見所及之犖犖大者，可傳之事，必已遺漏甚多。所以言此，一以堅我步兵之自信，一以堅我國人之共信。所信爲何，卽中華民國之步兵，已足與日本海陸空軍立體戰術之威脅單獨作戰矣。（楊紀，十一月一日上海）

十五・激戰蘇州河

自從我軍因戰略上的關係，自動將右翼和中路移防到蘇州河以後，這一條靜寂的河流，頓時成了軍事上的要地，亦卽是我淞滬抗戰中的國防第一線了•因爲牠的重要和牠流域附近交通上便利的緣故，所以更加成了軍事上的重心，那裏我們築有十分鞏固的工事，並且配備着雄厚的兵力，倘若敵人要來嘗試的話，準定可以給牠一個嚴重的打擊。

在十月三十一日的早上，敵軍三十四名，在曉霧未散的當兒，就開始在蘇州河的北岸活動，實行其第一次的偷渡，並且照例的在大炮一陣盲轟之下，施成烟幕，向我周家橋襲來。那時我守軍×師將士，正隱伏在蘇州河的南岸，嚴陣以待，目睹這一批敵人架起了帆布橋，屈膝蛇行，不覺彼此啞然而笑，但是等到敵人迫近的時候，那是決不寬恕的，立刻以布成了的火網，向來敵密集的掃射，因此不到一小時，這一批敵人，已經被我全部殲滅，葬身河底了，帆布橋也變成了我們的戰利品，這幾天裏，敵人就始終不敢再來進犯。

到了三十一日的午夜，就是十一月一日的早上，在二三點鐘的時候，大概敵兵已經深感到我周家橋的堡壘森嚴，虎威難犯，於是改變計劃，遣其六七百名兵士，在那烟幕掩護之下，由陳家渡，馬家宅，潘家巷，侯家埭，花家橋，作第二次的偷渡，向我劉家宅，北新涇，屈家橋，吳家庫，廳頭一帶陣地來犯；那時候，我們的將士立即分兵堵截，我們的迫擊砲，平射砲，輕重火器和手溜彈，好像雨點那樣的密集，落向敵人的身上去。雖然敵人想竭力頑抗大舉增援，可是經過了我數小時的猛烈轟擊，敵人終於不支，被我將陳家渡，馬家宅，黃家宅。潘家巷的來敵，全部擊退；同時因爲敵人的唯一渡河利器帆布橋，有幾座已經被我彈炮擊毀，所以敵兵落河淹死的，實在不少。河邊牠們的死屍，亦不及拖回去，後來還是由我們的壯士把牠掩埋的。這一役，敵軍喪亡損失俱重，並且還送了我們將士不少禮物，因此不久又用密集的炮火，向我盲轟，好像要借此洩憤似的。但是我們的陣地，始終還是鞏固無缺。到了當天的晚上四點鐘，就是二日的早晨，敵軍又在上述各處蠢然思動，可是結果，還是給我們忠勇將士驅逐回去。嗣後雖有接觸，只是步哨戰。我們的炮火一天沒有停止，彈多命中敵人的重要據點。但是不幸得很，我們的某團長就在這天因爲親往前綫指揮，重傷殉國，這是我們的損失！但在某團長是榮譽的，壯烈的，同時聽說還有兩位團長亦受重傷，現在正在治療中。我在這裏很虔誠的替他祝禱，盼望他們早復健康，繼續殺敵！

在二日晚上，三日拂曉，敵兵放棄了先行的計劃，突然移兵西犯，在侯家埭，花家橋和申紀浜東岸蘇州河的交叉點，再度偷渡，向我姚家宅，廳頭，吳家厙進攻，估計牠兵力，足在二千左右，同時陳家渡對河劉家宅方面，亦有三四百名強渡登岸，那時我上述各處的守軍，因爲敵勢猖獗，遂即出動吳家厙，廳頭，姚家宅三面的兵力，把敵軍圍住，逐步進剿，劉家宅的我軍，亦奮起與進陳家渡的敵兵接戰，當時兩處的炮火，震撼了整個的上海，彈如雨下，血肉橫飛。敵機更在上空助戰，我軍在那堅苦奮鬥之下，仍得殲滅不少敵人，經過了八九小時的猛撲，劉家宅方面的敵軍，首被我軍解決，內中有百餘名的敵兵，因爲退路被截，逃進到附近西式民房和廠房裏面去，當然仍被我們包圍，但是一部份的敵兵，乖巧得很，立刻屈膝投降，但是負嵎頑抗的，也有三四十名，不久就被陸續解決，吳家厙和廳頭的敵軍，因爲我姚宅，張宅，蔡家宅的軍隊圍攻不懈，牠的先頭部隊已經喪亡殆盡，乃始倉皇潰退，無奈敵軍的後路未曾截斷，因此被牠在當天下午，又得增援七百餘名，再度進犯，並且在該處構築工事，四週密布着鐵絲網，似有圖作根據地的模樣，我軍先發制人，立即用猛烈而密集的炮火向敵陣地轟擊，敵軍就背河頑抗，到當晚八點鐘，展開激戰，但是我軍咸抱必死之心，前仆後繼，再接再厲，待至下午十時左右，我右側軍隊就克復了吳家庫的東半村，不久廳頭的西半部，亦經我左側軍隊收復，可是尚有一部份的敵軍，仍舊沒有消滅。

四日早上，正當我軍北進搜索殘敵的時候，不意敵人的大量援軍，也在那時候被其渡河，估計足有三千左右，那時我某某兩營的兵士，雖已遭遇到困境，但是仍舊奮勇地向敵人的陣地裏衝進去，東劉西殺，如入無人之境，敵軍的陣容，悉被我軍衝破，因此雙方就入了混戰局面，所有的炮火，完全失却了效力，全是白刃血肉之戰，搏擊之烈，空前未有。不久我後方生力軍加入作戰，就把全部的敵軍三面包圍起來，敵軍見勢危迫，亦密增援，在姚家宅與蔡家宅中間，狼奔豕突，希圖突圍，我們的砲火就對準了敵兵盤據的地方密集轟擊，直戰到四日晚上，有一小部的敵軍，被牠竄出了重圍，逃到了出肚宅和虞姬墩，但是一經我軍兜擊之後，牠仍竄回了吳家庫和廳頭：等到四日午夜，五日清晨，我們的軍隊和生力軍就實行反攻，憑仗我們優越的巷戰術，把敵人逐步逼走：到了五日上午六點鐘，姚家宅張宅蔡家宅的敵人，已經被我完全肅清。但是吳家庫和廳頭還在敵人的手裏，並且尚在添築工事，負嵎頑抗。這一役，雙方的損失均重，我軍獲得敵兵的高射機關槍一架，輕機關槍三架，三八式的步槍廿幾枝，防毒面具十幾個，子彈手溜彈無數，這許多戰利品已經運到了後方，存貯起來，我想明年我們慶祝國慶的時候，儘可以把這許多敵人的禮品來搭成幾個紀念牌坊，紀念我們抗戰的將士。

到了五日上午四點鐘，吳家厙和廳頭的敵人，又遣重兵，向我姚家宅，張宅，蔡家宅的陣地進攻，牠的砲火，竟是一秒鐘都沒有停過，因此我們的工事，受了一些損害，被牠突了進來。那時候，我守在八字橋，田肚宅和姜家宅的兵士，就立刻向前面推進，把蔡家宅，姚家宅，張宅和戚姬墩的敵兵，截成了數段，各個圍殺，因此又形成了混戰的局面。一直打到當天下午，我們的陣地，還是沒有變動，並且在朱家浜的南岸，更加強了雄厚的兵力，防堵敵軍的蔓延，這一次，敵人的損失和死亡，恐怕要超過我們兩三倍，可是牠的重兵器，至今還是沒法搬運過蘇州河來。

同時陳家渡的敵軍，也在這天早上八九點鐘的時候，利用那天然的烟幕，雨，霧，向劉家宅方面偷渡增援，並且一面構築工事，一面就向池閣，薛家厙方面奔竄，我們的生力軍準時趕到，雙方就在這地段裏展開了血戰，我們的聯絡，一度發生障礙，但是不久就恢復了。等到黃昏時候，大雨傾盆，我忠勇將士冒着雨拚命殺敵，衣衫盡濕，結果終於把敵人趕了出去，保持着原來陣線。到六日早上兩點鐘，敵人又增援進犯，牠的目的，自然還想奪我北蟹宅，池圈等陣地，但是牠已經遭遇到我們鋒銳的阻力，恐怕還是勞而無獲，徒然在牠的死亡表上增加幾個單位罷了。（卅，十一月七日，上海）

十六・告別上海

本來上海是無永久防禦工事的地帶，在日本海陸空軍主力脅威下面，我們當然無死守的可能，而且從軍事的觀點上說，更無死守上海的必要。照我們以蘇嘉路為軸心的國防工事說上海本不在陣綫之內，上海的失陷本是不值得大驚小怪的事體，然而許多迷戀上海物質享受和缺乏遠見的人們却把上海的退失認為是意外，認為是極重要的失敗，而感到悲觀與張皇。

「到內地！」這本來是從上海的地位考慮中日戰爭時起碼應想到的事情，然而過去政府和民衆還未曾澈底的把苟安心理肅清，未曾切切實實的把上海地位看透，未曾將應該移往內地的物質和人才早日安排。對上海有切身利害關係的人，對於「九一八」以後的戰事，還懷抱着多少瓦全的幻想。到了上海已成孤島的時候，始感覺除到內地去別無他法。然而交通又太不容易了。

十一月九日以後的上海，對任何方面的交通，「中國人」的交通工具，全部不能使用，只有外國輪船才有通過日本海軍封鎖線的特權。無論走南通，寧波，青島或者香港，都成了外商輪船獨佔的航線。

蘇州河的撤退，無論如何苟安的人也覺得不行了，於是乎大家都想走，而怡和太古兩個公司的船又只有那幾隻，每天還不能平均有一趟船走，粥少僧多，於是乎擁擠，船票預買到一個星期以上，輪船公司更乘機抬高船價，上海到南通本來是三元的房艙，現在是實價八元，而八角的統艙票，經過買辦和小賣的票所的操縱，有的是出了六元五角的代價。

十一月十日傳來消息，從寧波進上海的英國商輪，在吳淞口被日軍檢查了十三小時之久。於是我們十一日離滬的人們，就存了戒心，一切名片文件都不敢隨身攜帶，並且準備好了避免日軍注意的方法和萬一應付日軍盤問的語句。

太古輪船公司是那樣毫無情面的對待旅客，武穴輪是十一日清晨七時開船，而十日夜間還不允許客人上船，然而誰也知道船少人多，要不早一點打主意就有落後的危險，所以二三千的難民，男男女女老老幼幼在十日夜間已經黑壓壓的擁滿了太古碼頭，露宿待旦，半夜的黃浦江邊，車輛和行人，因爲租界戒嚴關係，稀疏了活動，黃浦江水面，沒有船隻來往的破水聲，在馬路高樓工廠輪船的電燈輝煌中，只聽得敵艦在附近攻浦東和南市的「破破破……

……」響亮的機關槍聲！

天微明了，這三千左右的難民在碼頭上微微蠕動起來，但是碼頭鐵門仍緊緊的關着，只有外國人才有進去的優先權，白俄「將軍」們耀武揚威的在躉船上踱來踱去，日本轟炸機也面目猙獰地出現我們的上空，大家望眼欲穿的看着船上，覺得他們實在已萬分無再留阻旅客的理由。一夜露宿的熬煎，表示在旅客們蒼白的面上。好容易鐵門開了，幾位高大的白俄巡捕却首先衝了進來，大家還沒有任何的動作他們劈頭就對我們這般旅客無原無故的亂打，人與人間擁得一絲空隙沒有，他們的鞭子打來，誰也無法躲避，普遍的憤怒熾成了大家目光上的火焰，然而在那樣的環境下，又無法加以報復。他們這種殘暴的行動，或者是對他們的老板表示「維持秩序」的能力，可是這些無情的鞭子，大大的教訓了中國人民：靠帝國主義吃飯的傢伙，不會有好東西！

好不容易買到一張統艙票，更好不容易擠進了統艙，二三千旅客從兩個貨艙門口擠了進來，眞是所謂「前仆後繼」，前面進門還沒有站穩，後面已經闖進來了，不到半點鐘，寬大的停艙已經擠得水洩不通，而後面尚不斷的「挺進」，演成人叢中掙扎的現象，這時苦力階級的朋友佔了便宜，雙脚幾登，很迅速的找到適當的位置，我看見一對青年摩登夫婦　困在人叢中一籌莫展幾度掙扎之後，紳士丈夫的眼睛已經凹入而少婦的面孔變爲慘白了。在這樣的時代裏面，整個的是「力」的時代，我們要有眞眞實實的力量，才能戰勝强橫的日本，同時每一個人也要有力量，才配參加到抗戰的隊伍中。體力正是我們所需要的重要力量之一。

舟過黃浦江，日本軍艦正猛烈向我們浦東開砲，敵機正趾高氣揚地忽上忽下在投炸彈，沉重的炸彈聲把旅客們的眉毛深鎖起來了，有些年青人走到船邊探看，回頭來只是憤怒的微微嘆息。

黃浦江裏這時正到了很幾艘日本運輸船的敵軍，滿裝着補充的軍火和增援的敵軍，浦西各碼頭上，日本的軍用材料多如山積。特別是我們標榜建設的虬江碼頭，給敵人運輸上以重大的便利。

江灣吳淞一帶的建築，沒有不被敵人的砲火打得百孔千瘡，特別是吳淞鎭已成瓦礫一片。敵人的汽車和人馬在我們戰士的血染過的黃浦江邊奔忙往復，頹垣敗壁間或可以看出敵人臨時的兵營，一部份的敵軍正在江邊草地休息，他們或者正在想：以中國軍隊作戰之神勇，如果把粉飾太平的那些物質力量，改成幾個近代要塞，日本欲這樣順利地達到一舉登陸的目的，恐不能不費重大的代價。

僥倖沒有查船，我們安然繞過砲台灣到南通的江流上，大概二英里布置一隻敵國軍艦，是的，他們正在中國作嚴密的封鎖，然而中國人還在另幾方面想新的辦法。

船入揚子江，寬大的江面和疏落的敵影，讓大家的情緒暫時回復平靜。上海巍峨的高樓，骯髒汚濁的租界社會，現在一件件在我們意識中淡化了。才算是到了我們中國軍隊保護的中國領土，我們此時面向着日本，後面才眞正是我們的後方。（長江，十一月二十四至二十五日）

十七・杭州灣的前衛

（一）平湖與乍浦

口日記者由嘉興向平湖進發，嘉平公共汽車還是照舊通行，祇須三刻鐘就駛到了，我們上車的時候，一連碰見敵機三次空襲，因爲汽車站靠近火車站，所以也是危險地帶的所在，

118

車站附近又找不到防空壕，敵機一來，大批的乘客四面亂逃，倘若給敵機看見了，這眞是危險的事。

平湖是浙江富庶之區，自昔就有「金平湖」之稱，現在因爲鄰近上海，上海的奢華，很容易傳到平湖，所以現在平湖又有「小上海」之稱，南面距它二十五華里的乍浦鎮，濱海傍山，不特風景幽勝，而且因形勢險峻，成了一個天然的要塞，總理建國大綱所計劃開闢的東方大港就在此地，民國二十年間，我們把它劃爲風景區，這秀麗的山水，惹起了中外人士的欣賞，尤其到了夏天，海風掃蕩了九峯山上的炎威，黃山淸涼宜人的氣候，堪與廬山媲美，而海水印月，漁火萬盞的夜景，則又是此處獨擅其勝了，現在乍浦雖然已改爲要塞，但從黃山上蜂房般的洋樓，和乍浦鎮上那一座有跳舞廳設備的海濱俱樂部看來，亦足見當年車水馬龍之盛。

倭寇遠在三四百年前就注意了這個「金平湖」和他的南面的乍浦重鎮，在明末這平湖乍浦都給倭寇佔領了，幸虧當時有一位民族英雄戚繼光，他領着當地的老百姓收復失地，趕走倭奴，這才把我們的大好山河保全到今日，平湖和乍浦的老百姓，爲紀念這民族英雄殲除倭寇保衛國土的不朽偉業，到處都建立了「大王廟」來追思他，戚將軍在平湖乍浦除了留下不死的精神外：在乍浦還留下了兩座抗倭古城，一座就是那巍峨的乍浦城，比平湖城還要堅固，一座就是那九峯第一峯上的土城，這土城雖然坍塌了許多，但牠却足供吾人的景仰和憑弔，至於那座乍浦石城，至今還盡了保衛乍浦人民的責任，我們珍視它豐富的物產，我們愛好它秀麗的山水，我們景仰它歷史的崇高，我們要保衛這「金平湖」，但在這抗戰期中，我們更重視它的乍浦形勢在國防上的重要，尤其要死守這個金平湖，因爲它的乍浦是浙江鎖鑰是杭州灣的前衛，敵人在此登陸，不特可以進攻浙江，並可以威脅浦東，甚至威脅整個的滬戰，所以勿論我們要保衛浙江，保衛東南，我們要保衛它，我們要求到這次東戰場戰事獲得最後的勝利，也要守住它，平湖之所以爲金平湖，我想就因爲它有乍浦罷。

記者一到平湖就去拜會×××軍陶軍長和郭副軍長，陶爲湘籍，郭屬浙人，北伐和剿匪，他們都有相當功績，八一三後，就調到浙境担任國防任務，這位陶軍長好讀古書，並喜臨池，在湖南有儒將之稱，陶軍長對記者說明這沿海一帶的防務情形，他說乍浦和澉浦，是敵人注目的地方，敵人最初在沿海一帶的通商，就在澉浦杭州灣左岸沿海各地，沙灘面積都很大，敵艦至多祇能在距海岸三四千公尺甚至七八千公尺以外停泊，敵艦在沿海雖然出沒無常的遊弋，但迄未向岸發砲轟擊，敵機每天都有，不過祇在金山衛投了兩枚炸彈，而且是兩次投的，每次投了一枚，我們除傷了一兵士外，別無損失，至於工事和兵力，我們都有相當準備，軍人守土有責，望轉告浙省暨全國同胞放心云云，記者在當晚宴會席上，又晤郭副軍長，郭氏前爲×省主席參謀長，此次佐陶返浙担任浙境內的國務，浙人保衛浙土，是他認爲最樂意的事，郭氏性情豪放，酒量頗宏，但大方中留有極機警的心智，不愧智囊，他對我國抗戰前途，抱着很大樂觀，他對乍浦一帶的防務也認爲非常穩固，以他的估計，敵人要在浙省沿海任何一點登陸，要有相當兵力，須付浩大的犧牲代價，結果還會被我們殲滅的。

別了陶郭二軍長再去訪問乍浦守將謝××，記者是和平湖縣長丘遠雄，乍浦抗敵後援會主席徐眉軒，乍浦區署長馬實華一道去的，這位謝×長剛從山上看了工事步下山來，由丘縣長介紹，與他握手爲禮，這位×長的身材，雖然俊長，但他穿的那一身布軍衣，面色紫黑，顯然是久經戰場的人，一口楚語，一點也沒有別種口音混雜，假若不是丘縣長介紹得早，我簡直以爲他是一個鄉下老，或者是一個所謂「壯丁」，我們彼此寒暄了兩句，謝×長就邀我們到×部裏去休息，他看記者好像是自家人，不，他和藹，他誠懇，他隨便看了任何人，都會一見如故，我看了他和丘縣長徐委員的談話，在商量乍浦的防務工事，民衆訓練乃至一切軍事，政治，民衆的合作問題，他們簡直如道家常，我暗爲他們間的感情融洽而歡喜，若能擴而大之，眞可將軍政民衆打成一片，我們大家談了一回，分乘兩部汽車視察工事到了×處，汽車停着了，下了車，由謝×長領頭，我們走進了戰壕，呵，那竟成了另一個世界，壕內佈置得非常整潔，各種槍炮部位配備得非常正確，永久性和半永久性的工事都有，其中除了一部分永久性的所謂國防工事，早在魯滌平黃紹雄主浙時代已經築成外，其餘的工事，都是這次抗戰後築成的，工事固然堅固，而尤其多得可貴，沿杭州灣幾百里都有我們的工事，所以記者看了感着非常快慰，在强鄰壓境之下，我們居然有了這穩固的國防，我們放心了，謝×長說，抗戰第一要工事穩固，第二要工事穩固，第三也還是要工事穩固，工事穩固，我們就可以以逸待勞，敵人打不到我，我們可以打到敵人，所以我們有一天工夫，就做一天工事，我們全體官兵，每天除掉必要的休息和操練外，全體都要參加做工事，我們還告訴了此地老百姓，假若要保衛乍浦，保衛平湖，保衛祖國，就要大家齊心趕築防禦工事，老百姓要保全自己的生命財產，也祇有大家趕快的本着有材料的出材料，有力氣的出力氣的原則，幫助我們來堅强我們的工事，完成我們的工事，謝×長他非常感謝丘縣長給他徵集材料，他尤其感謝此地百姓，日夜幫助着駐軍趕築工事，他說此地的老百姓在歷史上有過抗敵禦寇的偉大光榮的紀載，現在此地的老百姓還保存着他們的祖宗所遺傳的英勇和熱血，若能加以組織和訓練，他們必能以血肉保全他們祖宗用血肉換來的偉業，我們固然需要有守土抗戰的民族英雄戚繼光，但是我們也不能缺少和戚將軍一道拚命殺敵的老百姓，所以要保衛乍浦平湖，固然是我們軍人的天職，但是也需要此地老百姓的幫助，這偉大的使命，才有保證。

我們看工事，足足走了半個鐘頭，我們在地底下走了幾里路．我們在地底下更看見海闊天空的偉大世界，我們在海岸沙灘上巡行了很久，我們雖然離開海岸很遠，但是謝×長告訴我，我們所走的地帶都在我們的槍炮威力綫交織之下，敵人經過這樣遠的沙灘登陸，自然難逃我們的炮彈了。

（劉于潤）

（二）金山

上海兩個多月來的苦戰，因爲大場一角的失守，而牽動滬戰整個的局面。閘北的不守，敵人如蜂擁般的佔踞了這塊攻守兩可的地面，控制了全滬的戰局。於是擾亂杭州灣的計劃就迅速的實行了。敵人軍事計劃是非常毒辣的，佔有了閘北之後，把戰爭猛力向京滬綫推進，同時爲要威脅浦東中國的兵力及切斷滬杭綫的聯絡，他們在金山縣的金山嘴遣派大兵登陸了。

金山這個小縣，蜎縮在江蘇省東南角，東面依奉賢，北面臨松江，西面毗連嘉善，南面是一片汪洋的東海。

金山全縣面積幷不大，人口四十萬，縣境內河渠縱橫，猶如蜘蛛之網，水道上唯一交通的利器是划子船，船伕的數量恐怕要佔全縣人口六分之一。縣民大半是敦厚和守舊。不大有爭鬥的事發生。可是飲食起居和享樂的各方面，比之其他縣內的人民要高出一倍。

浦內有幾個很大的鎮市：朱涇，張堰，氽來廟，出港，錢家圩，金山衛等處。金山嘴也就在金山衛身旁。最初金山縣的縣城是設在金山衛的，因爲年年遭受倭寇的騷擾和海盜的掠刦，所以就遷移到朱涇鎮。從此孤懸海濱的金山衛就日益荒涼沒落下來。每當黃昏之際，散步江邊或屹立頹垣廢堡間，遙覩茫茫大海，水天一色，鷺鳥圍繞檣桅，荒城陪襯落日，的確是一幅美好的海濱落日圖。這地方是以產鹽魚爲大宗，各種海貨也不少，人民大半是作水上生涯的，生活當然不豐裕；僅僅堪足溫飽罷了。

張堰是金山縣唯一的大鎮，每日有輪船直達上海外灘，商業繁盛，民多富有，交通四達，確實是內地現代化的鎮市。氽來廟是個凸出在水面的鎮市，凡是去松江往上海的兩路，非經過這地方不可。朱涇也是水路四達的地方，從這裏到上海，小火輪不過三四個小時，從張堰到上海也不過六小時。

在國家無外患的時候，金山却不見得是個重要地方，一旦遇有外患來侵時，它却立刻就成了軍事要衝地，它的重要性實不亞於娘子關之與山西，漳河之與平漢綫。

依照目前戰事情勢來說，敵人是從金山嘴上陸的。他們一部份隊伍迅速的挺進到張堰，而余來廟又發現了敵軍，形勢不能不算是十分嚴重。我們須嚴防：張堰的敵軍，長驅直下閔行，及余來廟。敵軍橫斷滬杭綫佔據松江。我們更須嚴防：敵人把金山衛部隊向西進行，會同乍浦柘林登陸的敵軍，切斷滬杭路嘉善至嘉興一段鐵路。因爲萬一敵軍奪取嘉善，嘉興，金山，松江，奉賢等地，則上海就成了一個死市，所以堵擊金山侵犯過來的敵人，是比任何工作爲重要。金山不僅成了上海的前線，保衛大上海，第一要保衛金山，又保衛滬杭綫，必須先要肅清金山境內的敵軍及鞏固沿海各口如金山嘴等地。

從金山地勢說起來，是很利於守禦的。第一，有蛛網式的河道。第二，土地鬆濕，道路狹小，極不利於重兵器的使用，地理形勢稍不熟習，即有被包圍殲滅之可能。攻者是絕大冒險之事；而守者是以逸待勞，可是此次金山嘴登陸之敵，很迅速的佔有了張堰及附近數十里以內各地，我們很難過，不知我方在該處的軍事設備是怎樣的情形。假設認爲敵人不會在這個河渠交叉的地面上登陸，那眞是軍事上一種失策的計算。

如果要保衛上海，首先要派重兵守金山，必須在這裏展開血戰。金山之與上海，猶如第一次世界大戰中西部戰綫上里斯河之戰，協約國因爲不能保有里斯河，巴黎幾乎落到德國人手中，中國今日不能保守金山，則上海便眞危險了。　（章雅聲，十一月七日）

× × × × ×

我離開金山衛，已經有幾個年頭了。它給我的印象很深，每當我在迴憶到它時，這座小小城池，像一個美麗的夢。多麼可愛的地方！而今，却浸在腥風血雨中，在敵人的魔掌裏，那能不使它的故人黯然神傷呢！

金山縣治是設在朱涇鎭的。這個小鎭在平時是那樣的寂靜，沒有像張堰鎭擾擾攘攘的形態，宛轉迤邐的市街，路面是用青石板舖成的，在深夜裏走過這石板路上，發出橐橐的履聲，來配和着幽僻的小巷中傳來稀落的柝聲，這裏眞是充滿了詩意。

鎭上河流四通八達，大半住戶不是前門有一灣流水，就是後戶有環繞的小溪。垂楊樹下，划子船悄然的蕩過，寂寞的在橋下消逝了。當落日臨照到這些溪流上時，沿河兩岸人家的炊煙，在淡淡的黃昏裏，像薄弱的晨霧般的，在晚風中分散了。當你立在遠遠的河道上，看鎮上的燈光亮起，這裏很少有不調和的塵囂。可留戀的朱涇鎮之夜呵。

從鎮中有一條很平坦的馬路，通到水碼頭上，來往上海張堰平湖的旅客們，是要憑這條大道直入朱涇鎮上的。在這大道的附近，有一座精緻美麗的花園，每當仲夏季節，這座公園却成爲全縣人民唯一納涼勝地，

朱涇鎮上的女兒們，是多麼美麗温柔！她們有的在肥碩的胸部下圍一條粗布裙，操作一切雜事，有的露出兩隻白脚，担鹽販魚，賺錢回家，養活公婆。她們能作工，能吃苦。

凸起的鹽堆和凹下的沙灘，破舊的船隻和鶉衣百結的漁民們，點綴了整個的金山衛。殘圮的古堡和荒垣，代表了它在歷史上曾經衛戍過杭州灣的重任。近幾百年來，戰士們的足跡，已沒有踏過，被遺棄在東海之濱的這座荒城。每當月黑天昏，怒濤澎湃，吞噬着沙濱海岸時，我覺得這地方總有一日會成一個可怕的地段。不幸這事件，已經橫襲我們而來了，它却作了敵人的窩巢。

在浪靜風平的月夜裏，金山衛是浸在一首傷感詩的境地中，汪洋的海 死靜得像一片灰色的鐵板。澹淡的月光，照在漁夫們的破網上，港汊間游蕩着葉似的小舟，點點的漁火，如

同山林間的燐光的閃動。有時從水面上飄起沉鬱悲愴的歌聲，這歌詞的字句，多半是在吐訴一個漁人不幸的遭遇。

在爲求生存鋌而走險的形勢之下，金山衛的鹽販子，把「死」看做一件平常事情，一遇到緝私隊，他們只有甩掉本錢——鹽就跑逃的方法。跑不脫，就很危險，再不然，拿起扁担來反抗，抓到官裏坐大牢。

氽來廟是金山縣屬一個中等鎭市，三面環繞着的水道。沿河茶樓，是鎭上居民消遣的地方，也是旅客們歇脚打尖之處。鎭上有條漫長的小街，鄉公所，警察分局，一切捐稅的小機關，在五年之前，就應有盡有。這裏是到上海和往松江的要道，一個小鎭上是被壓榨得瘦弱下去，當然談不到甚麼生氣，而是一個沒落的小鎭市的典型。

敵人在金山嘴登陸後，爲要奪取松江，首先要奪有氽來廟的，從這地方不單是通往松江的要道，由水路還能進犯石湖蕩，敵人切斷滬杭路唯一迅捷的方法，就只有從這裏下手。誰知過去很不爲人注意的小鎭，現在却成爲軍事要衝地段了。此外金山的要地，如呂巷，干港，松隱，廊下等許多鎭市，也不必去詳寫了。

127

敵人的炮火，已經佔有了金山的大半。常在我腦中迴繞着的幾個美麗的市鎭，也籠罩在

愁雲慘霧中了。何時再能夠使金山恢復過去那般恬靜的美呢？（韋雅聲，十一月十三日）

十八·敵人踏上杭州灣

（一）

杭州灣——這一個使人永遠眷念，永遠留戀的海灣呀！

那浩淼遼闊的東海海空，天鵝絨似的，藍玉一般的水色，一片無際的鐵板沙，被風吹去了浮沙，閃着鹽晶光輝的鹽澤，和層疊起伏着的雄偉的九峯山頭。在蒼茫的暮色和無邊的月光裏，沿了一條悠長的海岸線，那是我們無限大的國土的邊緣，我默默地渡了兩個夜晚。

在那裏，我曾聽到浪濤向堤塘撲擊的聲音，也曾聽到在廣場上，千百個壯丁操練時發出的悲壯的吼聲。我曾看到海鷗瀠刺的飛姿，也曾看到海防哨兵堅毅沉着的神態，和在飄渺的烟波中，渺小的敵艦的淡影。

每當臨睡的時候，我總要跑到三層的屋頂上，（我是宿在海濱俱樂部的）懷着一種訴說不出的心情，定神地望着凝在月光和水光的交蒙着的銀霧中的那和平的海濱，和平的土地，和平的人民，生息在國土上的和平的一切。涼夜的海風就似一種暴力，一陣陣迎面壓來，我不期而然地想起明季的倭奴，（Aina）想起戚繼光，更不期而然地記憶起剛在白天參觀過的黃山頂上堅實强固的砲壘，滬杭公路下曲折週密的戰壕，和××長簡短而截鐵的談話：『守土抗敵，是我們軍人的本分，在我駐守的地方，如果輕易讓一個敵人踏上岸來，我就不姓×，你知道這裏的工事非常堅固，這種工事是出乎敵人意料外的，他們縱付極大代價，也決不能輕易上岸』，這樣，我就從心底發出微笑，走下樓，安然入夢。

却萬想不到，在我離去乍浦的第五天，自江蘇柘林起，迤西沿漕涇，戚家墩，金山衛，金山嘴，至浙江的金絲娘橋，全公亭以至乍浦，數百里地兵卒駐守×××師奉令調到中路去了，接防的是原駐守××的×××師，××距乍浦祗三十五華里，徒步走起來，四五小時是準可到達的了，然而到第二日的深夜還始終沒有來。

更萬想不到，竟爲東戰場的戰績上，略下了這樣一個最深最慘痛最不能泯滅的創痕！

敵人得到了當地耆紳兼漢奸的報告，就在十一月五日拂曉，開始避重就輕地在金絲娘橋登陸，一長串的敵艦就在離岸十里附近的海面向各處施放排炮，平湖縣城距海岸祗二十七華里，那密如聯珠的巨大的炮聲轟醒了全城的居民，有的掙大了半醒的醉眼，有的嚇得面無人

130

色，在街上四處亂跑。

六點零八分：前方來了電話，說是敵人在金絲娘橋已經登陸，用木筏偷渡的，炮聲卻愈來愈密，還夾雜着五百磅以上的炸彈爆裂聲，縣政府裏的玻璃窗，都被震得格格作響。

前方又來了電話：敵人登陸的數目已增加到八百，一路向西面全公亭進攻，一路往北進襲新倉。

全公亭到乍浦祇有十二里，正巧有我砲兵×旅某連留守（不是駐守）在那裏，可是連長卻並不絲毫退縮，他祇是接一連二地來催子彈：「快快送子彈來！」「子彈送出沒有：敵人已經逼近了！」「敵人已經入我們陣地了。」

不到五分鐘，電話又來了：「王排長掛彩了！」

二分鐘後，電話裏又傳來了連長急迫而又嘶啞的聲音，叫人聽了非常難受：「張排長和他的隊伍，全犧牲了！來不及說完，敵人的炮火已經殺害了我們這位忠勇壯烈的青年連長了。

聽電話的是縣長丘遠雄，他的精神是值得欽佩的，他一方面同樣向上峯接一連二地催討救兵，一方面迅速調集了城鄉的壯丁和警察，趕往抵抗，雖然這些壯丁是他接任一月以來才訓練出來的，但是他們誰都認識得很清楚，必需和敵人拚命，不能讓敵人不付任何代價，隨便就侵佔了自己的鄉土。

全縣警察和受訓的壯丁，僅祇有二千左右，而受訓的壯丁中間，大部分是平素被人認為最兇惡的「鹽梟」，他們從來就被人漠視，從來就沒有得到過人們一點點恩惠，終年在飢寒交迫中度着非人的生活，然而，在這次抗戰中，他們却為國家盡了最大的努力，海濱那些綿長堅強的工事，都是他們日以繼夜，忍飢耐寒地構成的，而當敵人登岸的時候，他們却個個挺身而出，拿起了被繳剩下的八百枝鈍銹了的槍枝，極少的子彈，站在最前綫。他們雖不曾制止敵人的猖獗，幾乎全部，在敵人猛烈的炮火和彈盡援絕下，都作了壯烈的犧牲，可是，，他們也在中國抗日的史實上留下了光輝的一頁，他們橫灑在海濱的殷紅的鮮血和含笑的臉龐，告訴了敵人，中華民族千百萬民衆，即使是極窮苦和無知，也決不甘心做敵人奴隸！也告訴了我們，他們是一羣最良善的人。

敵人大批登陸，捨平湖而北進金山縣，七日下午即渡過黃浦江，截斷了滬杭鐵路。

往者已矣，由它成為一個猜不透的謎（？）去吧，祇願，祇願我們能夠接受這一次血戰教訓，並記住這一個慘痛的創痕！

（二）

黃昏靜靜地展開，幕色籠罩了整個平望鎮。

孫參謀提了一隻小皮箱，踉蹌地跑進我所僅想留宿一晚的小屋裏，用最短促的聲調對我說：「快走，快離開平望，敵人已經到了王江涇」。

他的眼睛和神色足夠叫我相信他的話的，可是總不能解脫我的驚疑。

就是在今天見到了×××，知道戰事在楓涇與嘉善間已成了膠着狀態，也就是在今天，我騎了一輛自行車，由嘉興東門沿蘇嘉路來到平望，一路上看到的除了堅實的工事之外，是非常平靜，非常安謐的景象，怎麼隔不到四五小時，敵人就會佔據了王江涇，截斷了我們預備堅守的這條國防綫，蘇嘉路呢？

「據前方情報，敵人是由早經收買的湖匪帶路，乘了二三十條汽艇，從千窰鎮經連四蕩到來的」。

「那末，敵人並不多囉」！我說。

「是的，祇有三四百人，所以我們正計劃和嘉興方面於今晚夾攻」。

「那很好，我就跟你們一同走，今晚也就不住這兒了」。

「不，我不去，我奉命帶了×部的重要公文，必需走太湖到吳興。而且，×長也希望你無論如何跟我一路走，因爲，因爲前方說不定會………」

雖然孫參謀沒有說下去，我已領悟到了他的意思。

在沉默中，一陣晚風帶來了斷續的低微的機槍聲。終於，我決定也繞道走太湖。

到離平望十二里路的青港附近，我們才看見一條正要開航的小木船，船上已經擠着二三十個難民，他們却很慷慨地讓我們上了船。他們是逃宜興去的，船是敞口，沒有棚，也沒有帆，要在周圍有六百里路素以波濤險惡著稱的太湖走條對角綫，全要仰賴一個茶店夥計的兩隻手搖，眞可以說是前途茫茫了。

不久，我們進入了太湖。

湖水的泡沫輕輕地沿着我們船的邊緣一條條滑過去，無數顆金色的星星散佈在暗藍色的天空中。半勾新月掛在我們的右邊，茶店夥計把她權作爲南針，就循着她所指示的方向，在蒼茫的湖面上搖着。一個不可測的命運壓住每個人的心頭，誰都在沉默。

「你們兩個怎麼也逃起難來了？不可以求菩薩保佑麼」？我打破了岑寂的空氣，打趣地

134

問身旁兩個尼姑。

「吳江城外的觀世音廟都給日本飛機炸平了，菩薩連自已都保佑不住，還保佑得了我們」？全船的人都笑出來了，想不到宿命論最有力的支持者也動搖了他們的信念，這是抗戰中的一個小小的收穫。

就這樣，我們坐在船邊沿上，縱談上下今古，一直坐到了黎明。

沒有一絲風，濃厚的霧重重降着，太陽還不見出來，浮雲像無數白色的幽靈，遮蔽了整個「湖空」；我們這一葉孤舟現在是陷在水天形成了的灰黯的一片裏，迷失了方向。何處是宜興呢？憂懼和疲倦特別表現在我們惟一的救主，這個年青的茶店夥計黃瘦的臉上。

我和孫參謀主張暫時停息一下，一方面讓這一位夥計歇歇力，一方面等太陽出來了，我們辨明了東南西北再走。全船的人都同意了。

半小時後，從不遠的地方傳來了一陣激烈的炮聲，那轟轟的巨響，清脆地撲擊水面，又從水面清脆地回響了出來，震撼全船上每個人的神經。

『大家不要怕，那至少離開我們有三十里路』！孫參謀這樣安定着人心。可是，誰都安

135

定不了，大家七嘴八舌地要繼續航行，理由是離開得遠一些，總比較安全。

我們的船終於又飄行起來了，整個的『湖空』就像蒙了幾層蜘蛛網，灰黯而且抑鬱。在前面的水面上隱現了比較深色的灰黯的一堆，我們知道這一定是湖中的一個小島了，在那裏，可以問清楚方向，漸行漸近，我們可以看到那是一大羣蘆葦。

船就沿着蘆葦搖，可是搖了好久還沒有發現一個進島的港口。突然，又從薄薄的空氣傳來了尖厲的機關槍的聲音。

人們的情緒又緊張了，中年的雜貨店老闆忽然叫了出來，指着船後面，遠遠地冒起來的幾條白烟。一個婦人竟驚惶得哭泣起來。

「把船開進蘆葦裏去」！孫參謀說。

孫參謀，茶店夥計，雜貨店老闆和我慌忙地站了起來，用最迅速的方法把船撐進了蘆葦的中心。七八尺高的蘆葦桿，在前後左右，把我們密密地隱蔽了，誰都屏息了呼吸，互相擠緊着，敏感地傾聽着，靜寂地交換着寒慄的眼光。

漸漸，我們可以聽到發動機的聲響了，孫參謀一手拿起小皮箱，一手握着手槍，準備萬一給敵人發現了，就先把小皮箱沉到湖底，然後跟敵人拚命，一個換他二三個。

136

我們這時就叫婦孺躲在艙底裏，絕不要伸出頭來，自己就揀輕巧的木板的撐桿拿在手裏，多少可以打死他們一兩個。

漸漸，約摸有四五隻汽艇的發動機聲，走近了，嘹亮地鑽進我們耳朵，又漸漸地消失了

我們誰都鬆了一口氣，可是誰都不主張這條船在白晝就離開這蘆葦叢。

足足獃坐了有十二小時之久，這一葉孤舟才又載了我們三十七個開始在蒼茫的湖面上飄浮。可是，到三點多鐘，還沒有天亮，我們又在另一個小島旁的蘆葦叢裏停下了。

第二天，起了風，又下了細雨，湖面起了駝背似的浪頭，蘆葦被衝倒了又復起來。我們衣服給淋濕了，而且整整二晝夜沒有好好地吃，好好地睡了，可是每個人的心緒都沒有低沉下去。

風雨到下午雖然小了些，可是還沒有中止，我和孫參謀預料敵人決不會在風雨中行動，雖然很担心着走錯方向，可是我們終究向全船負責保證安全，要求繼續航行。

翌晨在熹微的晨光裏，我們進到一個港口的時候，茶店夥計的手已經疼痛得不能動彈，而在船沿足足坐了七十二個鐘頭以上的我們，都感到了腰酸背痛，站立不起了。我們聽到雞

聲啼，知道這裏一定有人家，上去一問，總算徼天之幸，我們到達了京滬綫上的重鎭——無錫。

想起了我們的國防綫蘇嘉路被截斷的原因，孫參謀急忙接着問：「此地有我們軍隊沒有」？對方的回答，祇是搖了搖頭。

（三）

在去長興的軍用卡車上，我遇到了×××師的王副官。他除了回答我師部裏幾位高級長官的近況之外，還鄭重地告訴我：『葉處長是經歷了千辛萬苦，才從敵人後方脫險歸來的』。

用不到思索，從敵人後方脫險出來，那必然會有一個極生動刺戟的故事了，於是，我就冒着黑漆的夜，進到一間黑暗的屋子裏，會見了分別已將一月的瘦長而壯健的葉處長。

於照例的寒暄後，我們開始談到正題上來了：

「聽說你這次是從敵人的後方跑出來的，是不是」？

「咦，你怎麼會知道了？誰告訴你的」？

我於是就順勢故意賣弄一下：「你難道不知道我現在吃的是那一行的飯」？

葉處長失聲地笑出來了。

「能不能請你告訴我你是怎樣逃出來的？這一段富有戲劇性的緊張而又刺戟的故事，我相信誰都渴切要知道的」！

「那不行，一來是因為我的口才不好，說得不會動聽，二來是我的這次經歷並不十分富有戲劇性」。葉處長收斂了適才的笑容，「不過，我很願意告訴你，可是，希望你不要把我的這一段經歷當作一件不關痛癢的事情，這裏是存在着一個很嚴重的問題，軍隊與民衆不合作的痛苦，我這次是身受到了」！

葉處長的音調逐漸低沉，可是每個字聽來都藏有無限重的力。

「我軍離開青浦的時候，我正因公停留在三十里外的一個鄉村裏，到第二天中午在我回到×部去的中途，才知道我們的軍隊已經全都離去，敵軍已由漢奸迎入了縣城，我知道敵人是沿着公路綫前進的，於是趕忙回頭走，一邊走一邊想到身上穿的一身軍服，最好把它換下來，走起來可以安全些。雖然我當時想到死，想到跟敵人拚，可是我又想到除非迫不得已時，不必作無謂的犧牲，我應當使自己儘可能死得有價值些，有意義些。

「於是，我在一個農家門口停下了，門是緊閉着的，我輕輕地敲了幾下，一個中年婦人從門縫裏探出頭來，看見我，立刻又把門關上了。

「沒有辦法，於是我又走到另一家門口，一個八十幾歲的老頭跑了出來，我於是就跟他商量，請他給我一身破舊的衣服，好把身上軍服換下來，我很和藹地說了一遍，二遍，三遍，老頭却儘是搖頭，一句話都不講。到此刻我還不知道這位老先生是因爲聽不懂我的話呢，耳朵根本就聾了呢，還是不願意。

「第三第四家是兩所空房，人早就逃難去了，到了第五家，我算遇到了一個壯丁。我跟他說明了我的請求，可是，他一聲不響，很睥睨地朝我看了兩眼，轉身想走，我急忙拉住他，跟他解釋我决不是想開小差，是爲了要去歸隊，爲了將來多殺幾個日本兵，我才急於要化裝離開這兒的。可是他依舊是睥睨地朝我看了兩眼，一聲不響地走了。

悲哀，憤恨，焦急，各種情緒交織成了一種反常的心緒，我是中國的軍人，而剛才我所呼籲的，是中國的人民，可是我當時像處在一個荒涼的孤島上，一片廣大的沙漠被……

葉處長說到這裏，聲音有點哽咽了，於是我趕緊接着問：「後來怎樣呢」？

「後來」，他停了一停，「後來，我想不用錢是不行了，於是就在另一個村莊裏，我拿

140

出了四十塊錢，才換到了一件破棉襖，一條破夾褲。

衣服既然換了，於是我決心繞過幾個村莊，走到公路邊去看看動靜。

拐過好幾個彎，還沒到滬錫公路，遇到幾個左胸襟縫着小敵旗的漢奸，正在勸村裏的農民到前面一所茅屋裏去購買敵旗，小的兩毫，大的八毫，說是祇要去買一面，縫在胸前，就此可以通行無阻，當時有一個漢奸，拍拍我的肩，指點我購買的所在地，我怕一開口露出了破綻，祇得唯唯點頭。

那時敵人還不敢輕進，就在小村莊前的公路上，正緩緩地來了十幾個敵騎兵。他們到村莊前停住了，兩個騎兵拿了一幅敵旗跑到前面，插在離村莊五百米達的公路旁，又跑了回來。我這時正躲在小小的竹林裏，他們的一舉一動，我都可以看得很清楚。

「在夕陽殘照裏，他們掉轉馬頭回去了，我趕忙躡手躡脚，掩到他們剛才所插的敵旗邊，把敵旗拔下來，拿到田裏去，把它撕成粉碎。不知那一個敵兵回頭看見了他們的旗子已經失蹤，慌忙開槍，十幾個敵兵也就惶恐地在公路左右散開，毫無標的地亂開起槍來，可是他們却始終不敢上前。看到他們慌慌張張的狀態，我祇有伏在棉花田裏暗笑」。

我禁不住自己不插口了：「這還不夠刺激，緊張和不富有戲劇性嗎」？

「可是，由於漢奸的大肆活動，和敵人所積極進行的欺騙和麻醉，使我白天不敢進村買飯，夜裏祇能在墳墓旁睡覺。挨餓挨了兩天，走了好幾百里冤枉路，用去了快將二百塊錢，才轉輾到了蘇州。我，我不忍告訴你，我和民衆間隔着多少遠的距離……

在搖幌着的昏黃的燭光裏，我轉靜地凝視着他有些潤濕了的眼睛。

在長長的沉默以後，我們下了這樣一個愿：

「惟有希望今後努力於民衆工作的，除了標語口號之外，還必需眞正深入民間去，切切實實把民衆訓練並組織起來！惟有這樣才能於我們此次抗戰有利』。（羅平，二十七年一月二日至十八日）

十九・失去松江

松江——這是滬杭道上一個幽靜而美麗的小城，到過杭州的人大概還記得吧。當列車馳過的時候，這小城是被恬靜的情調所籠罩着。

自戰爭開始以後，平日在滬經商的松江人，大多都搬回家來了。起先的時候一切都很平靜，每天照例也有各種報紙看到，滬戰及各方的消息都很明瞭，所以民衆們對於戰爭一些也不恐懼，也沒有甚麼準備。

每在夕陽西沈，晚霞通紅的時候，仰望着我們一隊隊忠勇的空軍，從杭州出發經過這裏。我們大家是快活地點着幾架，和巴望着她們能整數歸來。經驗告訴我們，我空軍又往上海去炸日艦了，那時候我們是最興奮的，當時我們還平安地在一家西人所辦的教會學校裏念書。後來在一個早晨，忽然從上海飛來了大羣的日機，起初就在四周低飛偵察着，民衆們也都覺驚奇，後來竟轟轟的大炸起來了。因爲沒有防空準備，所以死傷了好多人。這次以後，接連着便是松江車站被炸，住在城裏的居民都向杭州及鄉下跑掉了，餘剩下來祇有幾家醫院和貧苦者，默靜又帶着燦爛的小城，被死氣籠罩住了，死沉沉地。因爲我們的學校是在浦南的葉榭鎮上，所以沒有受到驚嚇，不過同學們大多都回了家，校中祇有六七個上海人住着，飛機不來投彈，不過每天偵察罷了。後來敵人在金山衛登陸那天，兵艦上的大砲足足轟了三個鐘頭，我們鎮上仍舊很平靜。到了第二天的中午，松江是被佔據去了。因爲我們這裏離開松江祇隔一條長闊的浦江，所以這裏還有一部份×××師的軍隊，還在奮勇的抵抗着。當時鎮上的民衆，都紛紛向別的鄉村搬逃。過了一天，因我軍沒有後援，所以也退了下去。那時日兵倒也沒有到鎭上來，一直到今天，還沒有日兵的蹤跡。據城裏囘來的鄉人談，日兵在城裏一天到晚遭我游擊隊的襲擊，頗感到十分焦急，所以他們想把這一帶的青年人收禁起來，搜查得異常嚴厲。我們的學校裏得到了警告之後，就在上月二十七日的早晨大家拿了行李，提了箱篋，預備步行到上海。我們一行七個小夥子，並有一個茶役跟着。大家帶了一些乾糧和水，在五點鐘的時候，我們便出發。因爲要避免日兵的眼，所以打着遠路跑；在道上碰到一個農人，我們問他前面有沒有日兵，他用手指點我們，叫我們抄左邊一條小路，一直去可以到達閔行。於是我們趕快脚步走路，到下午三點鐘的時候，跑到一個小小的村落，裏面還住着一個老頭兒與幾個小孩子。不待我們問他，他就對我們說了，他說：「你們是不是到上海去，到閔行還有二十多里路，要抄沒有日兵的地方走才對，否到你們這般小夥子是很……」他說着笑了。我們休息一刻兒之後，就告謝了出來，因爲大家多跑了路，行李背在肩上又不便，所以大家把行李都丟在那裏了。跑到閔行的時候，天已黝黑，在炸壞了的一間破房子內蹲了一夜，飽嘗了淒冷寒風。次日清晨，肚子裏在唱空城計，預備到街上去買些東西來充飢，不料找了半天，一些東西也買不到，祇得餓着肚子再趕路。在十點左右的時候，路上碰到六隻飛機，大概被它找到了甚麼目標，咯咯咯咯的鬧了一陣，大家伏在草叢裏受到了一些虛縮。一路上逢人便問，『前面有沒有日兵』？在張家宅附近的一條小河裏，看見不少的屍身躺着，路上有一輛被炸毀的救護車停在那裏，旁邊也有許多屍身狼藉着，血的氣味重重地壓迫着我，使我不敢對他們注視。

這樣我們幾個人不是抄後路，便是兜圈子的走着，將到上海的時候，被日軍攔住了，猙獰地被他們搜查了一陣，不過還算運氣，命倒沒有送掉，在傍晚的時候，便從徐家匯那面，進了法租界，到家中的時候，覺得肚子餓得頭暈，脚底也已經起了泡。（夫民）

二十・鏖戰江陰

敵人的砲火，已然降臨到我的家鄉——江陰要塞了。看報上載着說，要塞司令許口將軍，已表示與要塞共存亡，僅是這一個要塞，就將向敵人索取重大的代價。

我從江陰來，我是江陰人，對於江陰要塞，我有更清楚的認識。

從吳淞口西向溯江而上，自吳淞炮台，瀏河獅子林炮台，南通的狼山，常熟的福山，到江陰的黃山，兩岸都是防守長江下游門戶，控制着江蘇省東岸的堅利的炮壘，可是吳淞炮台，早已失其效用，獅子林以及狼福兩山，建築規模都不大，可以控制住長江入口，足以對敵施其重大威脅，地勢險要，建築強固而銳利的砲壘，就要算吾鄉江陰要塞了，這實是今日長江一道重要的門戶。

江陰要塞，是以黃山砲台爲其主要據點的，黃山離江陰城東北六七里之地，有十餘里之長，如一條長蛇，又如一只雄獅，緊靠江邊而盤踞着，在山上，自東至西，由上到下都安置有各種最堅利的大砲。

這要塞的建築，還遠在數十年前，中國自受到西洋勢力侵入之後，建築計劃與工程之進行，都成於德國某工程師軍事專家之手。這專家後來一直就住在山中，至今山中還留着他當年作爲住宅的一座簡單的洋樓，聽說他後來因歐戰時（大概他那時還在我們江陰能）不願回國服役，受政府嚴重的譴責，人民的詬罵，結果就自殺在那座洋樓裏了。

還是在十年之前，我在小學讀書的時候，先生們發起參觀要塞（那時的要塞要參觀似乎很便當，此後就不能進去了），那時，我是進去過一次的，黃山山勢之雄峻，在江陰各小山之中，也爲首屈一指，尤其在山北瀕江一面，東西兩山脚，直伸江中，滔滔急流，就在其脚下奔騰而過，立在山上向東面長江中望去，一綫江心深水過，正對準山中每一門大砲的砲門，瀕江山脚，壁立甚峻，往山裏走，則又奥折幽深，就在全山每一個險要之處，建築下了各式的砲壘，這裏無論有多少軍艦由東行來，可說沒有一個能逃出黃山砲火的焦點之外的，坐在船裏在江中向山上望去，却絕不能找到一個砲壘的形跡的，因爲各砲皆建在地下，其上則樹木蓊鬱，絕難發現，那裏江深水狹，兩岸相距，最狹處不過六七里之遙，又不容數個軍艦能夠同時並進，那時我所見到的大砲，最大的有二丈多長，砲口可以鑽得進一個人去，排列在旁邊的砲彈，有半個多人身高，現在的砲台，當然又非昔比了，最近幾年來，我們曾在那裏化了很大的經費，加以改建，聽說大砲都是最新式的，建築都是現代化的，看着它這次將給敵人在這裏予以重大懲創罷。

因爲黃山有這樣一種峻險的形勢，所以它風景之美，也爲吾鄉小山之冠，北望長江，如天際掛下，滔滔白浪，日夜東流，瀕江山脚，削成峻壁，內有兩灣，一曰大石灣，一曰小石灣，則又平沙淺水，極宜闢作游泳之地，山上石影松風，曲折可賞，南望江陰城，萬家成市，悉在眼底，再南是花山(報載敵人已進攻到那里了)，與定山，綺山，連綿一線，淡青如一抹圖畫，只是黃山作爲要塞後，江陰人再也沒有福可到此一遊了，想起這，人類至今還要以砲火互相殘殺，有多少的金錢，人力物力，用於如墨索里尼所說「宣揚文明」的屠殺事業，而一方，則又有成千戶飢寒的人民求飽不得，如省下全世界的軍備費，對人類社會將有怎樣大的利益與貢獻，若「大同世界」眞個一日實現，即如我鄉極富風景美的黃山，也將闢作遊覽之區：供遠近人之憑眺，然而，要達到這一理想的實現，今日，却需我們要流更多人類迎戰的血，來爭取到手，況我鄉黃山砲台爲着保衛祖國，爲着負担起這一人類正義的使命，而對世界文明的破壞者怒吼罷。

看這幾大報載，敵人進攻江陰路綫，一路由無錫沿錫澄公路向北，一路由黃山東面，沿常陰公路西上，再從黃山對江的靖江縣企圖上陸，以脅黃山後面，繞江北奪取鎭江，而在江中的日艦，却始終未敢溯流西上，直攻砲台，這之間，雖有一條堅固的封鎖爲之隔閡，但敵人對黃山的戒心，也由此可見，因爲若以軍艦來攻，那它是徒然犧牲的，看敵人的意圖，似有從陸路三面以包圍要塞，使失其效用之計劃，所以我軍此時只須能堅守住陸路（錫澄路與常陰路）陣地，敵人絕對無辦法攻破江陰封鎖綫，進佔黃山砲台的，這是我個人的觀察。

東望千里之外，我鄉黃山要塞，此刻正與要亡我國滅我種東方大盜作殘酷的鬥爭，過去黃山要塞，在北洋政府時代，曾在每個江陰人心中，寫下了它許多內戰的罪惡史，最使江陰人不能忘記的，是甲子齊盧之戰，齊軍一團，佔有城內，堅守不出，畢庶澄部據有黃山，不斷向城內轟擊，有七晝夜之久，事後，江陰人全有要求當局將砲台拆除，或是把砲位一齊改作只向北方的，這自然是「因噎廢食」的之舉，也可見江陰人對它痛惡之深，然而今日，它將昂然舉起爲祖國生存而戰的巨砲口，對準外來的敵人轟擊，它將盡洗過去的罪惡歷史，而在民族解放戰爭的歷史之上，寫下光榮的一頁。

敬祝我鄉黃山要塞無恙，許□將軍無恙。（何濟翔，廿六年十一月二十九日，漢口）

× × × ×

記者爲明瞭東戰場及要塞地帶實際情況起見，十九日於晨光熹微中，乘輪赴通州，直達天生港，船上旅客擁擠不堪。目擊黃浦沿江，寶山縣近區，焦土一片，相顧黯然。途中未受任何檢驗。轉入長江，煙霧彌天，炮聲振耳，舳艫相接，敵艦逾百，正向狼山福山兩岸示威也。傍晚抵埠，擺渡登陸，八里，到通屬唐家閘，地屬衝要，人煙稠密，仍能各安其業，利便販運。雇車往通市，卅餘里之車價，需費四元。該地雖屢經轟炸，市面蕭條，但國軍仍嚴密布防，情狀安靜。民船到靖江如皋，行程須三四天。記者附車行，檢驗周詳，漢奸不易混入。防務堅强，步步爲營。義渡雇船，均能通達。惟絕對須受駐軍檢驗耳。八圩港至黃田港，頗爲安靜，因敵機不易飛越要塞也。江陰人民皆深知大義，鎮靜安定，野間農夫，市中商實，融洽一片，咸以家難即國難互相告誡。軍戰民守，誠大塹也。要塞江防守衛有人，指臂相連，共同作戰。全縣受訓壯丁，亦逾五萬，協助建築防禦工程。並有保安大隊，公安警察隊萬餘，共同積極防衛。縣長袁佑任，爲前炮兵團團長，英明義俠，自八一三起，即抱三百年前閻應元將軍死守江陰之志，遺囑兒孫，誓與澄江共存亡。更得××鐵軍×將軍守此要塞，誓死殺敵。戰事於二十一日轉入澄錫線。北自福山，南至常熟邊境，我陣地甚穩定。羊尖鎮陣地雖失陷，而鹿苑，楊舍，顧山，陳墅直至無錫北區鳳凰山之安鎮，轉東至白丹山之西倉市，達太湖綫，新安，周涇巷，均有堅固工事，決不能使敵人長驅直入。南嶺盡頭之三十三山，咸多排列於江陰東南及沿江一帶，各有工事可守。敵人之主力非特在此遭遇阻滯，受創亦意中也。聞進入太湖之敵，亦經重大犧牲。經我方之太湖淺水艦炮擊，敵人損失橡皮船汽輪，不下百餘艘。又目前最爲緊要者，爲難民之安置及後方之救護。澄地雖有紅十字會分會及聯合救護委員會籌設之臨時醫院所，初爲一般利慾薰心之私人所阻撓，致工作阻滯，且交通運輸不便，均未能充分救濟。目今經紅分會正盡力工作。惟敵機就鄉鎮不設防禦工事地方，濫肆轟炸，平民死傷纍鉅，盼各界熱心志士，加以實際振濟，不勝厚幸。（天馬，十一月二十五日）。

× × × ×

江陰——大概大家都曉得是國防要塞。歷代用兵，這區區的小城，總不免要遭刼。近代內戰，亦沒有一次與江陰無關係。明末民族英雄閻應元誓死不降，堅守孤城，抵抗清軍二十餘萬，經八十餘日血戰，至外無援，內絕糧，卒和孤城共亡。這種可歌可泣的史事，在這強鄰壓境的時候，正值得我們迴憶。我們應該拿出力量來拱衛國土，擁護領袖，抗戰到底，那才有最後勝利啊！但是事實告訴我們，成功的前奏，是失敗。淞滬鏖戰兩月，國軍為戰略關係，步步西移，沒有多天，就迫近江陰來了。江陰，並沒有什麼美妙的風景，祇有大自然的壯美。我不妨介紹一點，關于戰前戰後的情形。

江陰北枕長江，東擁巫段諸山，西有蕭山青山為屏障，南有秦望山大小茅山，此起彼伏，形勢雄壯。要塞，列在黃山君山，彼此呼應，北對靖江。近代努力經營，森嚴絕倫。電雷學校，飛機場，均佈置於險要地帶。且公路縱橫，有武澄，錫澄，琴澄及其他支綫，交通便利，工商業尚不致落後。戰綫逐步西移，要塞形勢日緊。駐軍全體約十師。此外尚有江防總司令劉×，江防司令××，要塞司令歐××，戒嚴司令由袁縣長兼任，佈防頗為嚴密。實不料鐵一般的要塞失守得這樣快！

151

江陰民氣勇敢，有一句流行話，說江陰「拚死吃河豚」。此次抗戰，可謂強差人意。壯丁出任輸送及担架，暗裏還幫助做特務工作。多數人，不願意避難到別處去。老弱婦孺的避難，均是有組織的，有條不亂。日軍進攻計分兩路：（一）由常州經曳夏港，迫蕭山青山，我軍抵抗，最稱驍勇。雙方死傷，極爲慘重。尤其是民衆死傷累累。日軍憑其犀利的飛機野砲，卒致防守二山之二營將士，全作壯烈犧牲。（二）由錫境進擾，經北渚青暘，聯合由常熟攻入隊伍，沿錫澄路佔青暘，越月橋南閘，二面攻城，砲彈如雨，大火延燒。自東門起，至司馬牌樓一帶止，火光四起，繁盛區盡付一炬。如吳汀鷺住宅，縣政府，利用紗廠，無一幸免。北門街完全爲飛機炸毀。南菁學院，顧家埭，善汀路，大宜春，小橋頭，同生泰，日新恆等巨大商店，均成一片瓦礫。

城區于十二月一日下午失守，此時要塞尉軍，仍憑險發砲，與敵激戰。經三日夜卒以外援斷絕，乃自動燬去要塞，含淚退却。時爲十二月三日。

江陰既遭難，最難堪者爲一般民衆。顛沛流離，饑寒交迫。甚至家破人亡，露屍郊野，現江北陣地，即日又將展開血戰。日軍準備渡江，欲佔靖江泰興而入揚中，以拊鎮江南京之背。然其艦隊尚不能越我封鎖線一步也。（君匋，十二月十三日）

二一・蘇錫常淪陷記

「上有天堂，下有蘇杭」。不幸千百年來，膾炙人口的天堂，山秀水清的蘇州，這次竟爲倭寇蹂躪了！

無錫，江南的工業區，人人都稱之爲小上海，這次亦隨大上海而成焦土了！

常州，古稱南蘭陵，「蘭陵美酒夜光杯」，亦再不能重見於江南縉紳之士的手中了！

此次抗戰軍事發動之初，蘇州本是國防第一道戰綫，照軍事計劃，八一三開戰，我軍便應退駐蘇州，以逸待勞。可是，賴武裝同志的忠勇努力，三個月來竟未捲入戰區，朱耀華失守大場後，劉多荃部又相繼譁變，一部份東北軍不打回老家，竟垂涎於天堂，不戰而潰，沿途騷擾。敵騎在杭州灣金山衛登岸後，分兵四路前進，一由柘林趨亭林擾松江，一由漕涇逼淞隱鎮圍攻石湖蕩，一由張堰襲松江，一由全公亭擊浙江平湖。逼得我固守浦東的鐵軍，不得不忍痛撤退。於是乎敵騎直入松江，陷嘉善西塘鎮，襲擊蘇嘉綫的王江涇而進攻我天堂的蘇州。

我方爲着消耗戰略，節節按步而退，於是天堂便成地獄了。敵人前鋒取崐山，便派大隊轟炸機，向天堂「下蛋」。自拂曉以迄深夜，敵機分批輪流向姑蘇城厢內外轟炸，每日總投百枚以上，有一次竟投了七百餘彈。可是戴紅結子瓜皮帽的縉紳先生亦不敢再在吳苑飲茶踱方步了！觀前街，宮巷，西中市，東中市，平時喧鬧繁榮，仕女如雲，突然變成幾條死街，公園左右新住宅區及宏麗輝皇的省立圖書館，竟成了敵機「下蛋」的大目標，在十一月十三日深夜二時，亦被炸成了焦土了。在天堂享慣清福坐收租米的仕女們，祇好齊向光福，木瀆，洞庭，天平山等處暫作了借棲的鳩鵲。

十一月二十日左右，更風聲鶴唳了！天堂的姑蘇，終于淪陷了！當敵人整隊入城的時候，有蘇州的東洋留學生張某，竟招集了大批乞丐跪在城門外，歡迎倭軍。於是倭軍直入蘇州城，便大索以美麗著稱的蘇州婦女，供其蹂躪，張某便就了維持會會長，爲虎作倀。留學，留學，不圖竟回來出賣了家鄉。

接着，胡騎便直趨無錫。車站左右前後各工廠的烟囱，已無影無縱，麵粉大王榮宗敬竟損失到四五千萬，更可憐的便是整千整萬靠工爲生的男女工人，不被炸死，便都餓死。黿頭渚紳士們的別墅，亦爲湖匪勾結倭賊劃爲平地。惠泉山的大阿福不倒翁亦從此入土。最可怪的便是溥某的兩座洋房，竟能於槍林彈雨中屹然完好，傲視着倒在旁邊以蘇民脂膏凝成的繆斌別墅。

錫奸維持會亦隨倭軍入城而成立，會長爲素以紳士著稱的楊某，中國不亡於日本，是快要亡於漢奸了！這種惡果的結成，祇可我們自責第一期國民革命的不澈底，姑息，姑息，華北便有湯爾和，齊燮元，王克敏，高淩霨，潘毓桂等，這些奸逆，都曾經在青天白日旗下宣過誓呀。

小上海隨大上海毀滅後，沿石湖蕩車站直至常屬之橫林，戚墅堰數十里，一路都是老太婆，小孩子的殘肢餘體，箱籠雜物。至於略有姿色的青年婦女們，據說除了節烈的自裁外，其餘都被漢奸送給倭賊作慰勞品了。

常州，是京滬路的中心，龍頭房即設於此，尤爲敵人所注視。從十月十三日下午一時起，敵機二十三架便向常州車站大施轟炸。這是敵機第一次在常州下蛋，常州人在轟炸後還成羣結隊的去看死屍。

駐守常州的憲兵，對於防空規則，的確是執法不阿。空襲警報後，街頭行人，如不趕快走避，便要罰跪。然而憑你怎樣嚴峻，也制止不住一般頑劣的人民，敵機首次轟炸後，便按日光顧了！大成紗廠，恆豐織布場，養雞場等先作了犧牲品。十一月二十三日以後，城內縣直街，學前街，浮橋頭，東橫街，大樹頭婆羅等街巷便陸續變爲荒坵。直到十一月二十九日，敵軍的大砲，向着這頹舊的常州城大轟，二百多架飛機向城內及各鄉村，各大樹林中的攻幕亂「下蛋」，然而，我守軍李朗營長，督率全營弟兄，以血肉作守土干城，抵死不退。結果，狡詐的倭賊，便想出毒計，收許多流氓地痞，扮作難民，圍城痛哭，李營長目覩慘狀，一時大意，竟發憐憫之心，下令開城放入難民。誰知這整百整千的難民便入城放火大燒，響應倭賊，這京滬重鎮的常州城，便暫時成了東洋！

蘇錫常的淪陷，並不完全淪於敵手，一半是淪亡於漢奸之手，人民對於軍隊尚欠有效的援助，縣當局對於平時穿絲棉袍坐茶館的民衆，也無法使其戰鬥化。

當二月楊花，鶯飛草長的良辰美景，我們要回想江南，我們要想再到天堂，祇有自己努力，祇有肅清漢奸，江南的父老弟兄，快些自己起來罷！（劉尚均）

二二・皖南焦土抗戰

東戰場形勢的轉變，敵騎便過了太湖盈澤等地侵略到皖南，如今抵連蕪南繁邊境，卽遭遇了黃山山脈所構成的深溝高壘，阻斷去路，而按兵不動，同時在環境上亦不容許其深入。現在淪爲戰區的蕪當宣郎廣一帶縣鎭和村莊，統統被炸成一片血腥，澈底的堅壁淸野，老農連耕牛都牽着跑，揮淚別了祖宗相傳的家園，走上流亡之途，一間草棚不給留下，一個壯丁不給留下，那屯在蕪湖的十八萬多石的白米，是安徽全省人民心血的積蓄，沒法運走，不惜付之一炬，大家下了最後的决心。讓所餘的只是塊「焦土」，成爲東戰綫的决鬥場。

一

皖南山地是鄂贛的屏蔽，在作戰形勢上看，現今是跨入第二個階段了，敵人的主力一定要喪失在這山地戰裏。在第一個階段裏，大家都認定保皖南，便須守廣德，固東壩（安徽當塗與江蘇高淳交界處），從上月梢起一直到本月初，廣德陣地戰黏着於天目山之麓，屢進屢退，川軍師長饒國華氏於此激戰殉國，經了重大的犧牲，算是以血肉重新築成了一座廣德城。但不料江蘇高淳縣長爲傷兵兩下耳光，打出了縣城，敵軍便衣隊便混了進去，於是東壩不守，中了敵軍側擊的詭計，自水陽撲攻蕪宣交界的灣沚鎭，切斷了江南鐵路和蕪屯公路，東綫乃爲一髮牽動全身，所有灣沚以上通蕪湖的橋樑，趕忙在六日早晨毀掉，決心保衛蕪湖，宣寗一帶也厚集大軍，準備東戰綫的大決鬥。

二

因此，皖南各縣鎭便成了敵機轟炸的目標，由廣德，宣城，郎溪，蕪湖，當塗而南陵，繁昌橋被炸的地段逐漸的擴大，硫磺味也掩不住血腥，蕪湖是五日起連炸三天，甚至拿追擊炮彈當炸彈，轟炸機平着屋脊飛，在沒有空防的城市裏儘量掃射平民，徒逞一時之獸性，飛機上除擲下荒謬的傳單外，並一把一把的丟下「冥國銀行」紙幣，那是燒化給死人的，無聊的敵人竟以此惡作劇，其中更含一層卑劣的作用，雖然電燈電話都被破壞了，電訊斷絕了，十七萬住民掛着難民條逃亡了，水無處買，飯無處燒，但駐軍仍然堅決的固守着，三天三夜的大火，政訓處長伍德鑑督率士兵分頭撲滅，大家幹得反比平常起勁。其中連帶遭殃的，有英國蜜蜂號兵艦，怡和躉船，德和商輪，長沙商輪，法國天主堂的內思中學。德和輪是炸沉了，幾千具死屍飄在江心，敵焰猖獗到了極點，以至於和縣江面停泊的美艦巴納號和美孚油船三條也炸沉了，敵軍的行動眞像瘋犬，張着嘴亂咬，若不把牠殺了，誰都有被咬的危險。

三

流亡呵，流亡呵，自蕪湖西去的路上擠滿了難民羣，蕪青路是黑壓壓的結成一條綫，向西蠕動着，傷兵和落伍兵也夾在中間，無聲無息趕着渺茫的前程，長途的流亡，到底流亡到那裏去？那沿路用紅紙寫的：「無路可奔的難民，趕快到江西去墾荒」，署名是戰區難民移贛墾殖團，指示難民的出路是在那裏。是的，江西寧都一帶確需要大批人口移過去，但這樣漫無組織的一羣，到了江西以後又怎樣？目前逃命要緊，顧不了那些。記者是最後走出蕪湖的，沿路經過繁昌銅陵一帶山中，到大通以後，纔繞江北桐城縣境而至安慶，轉輪來漢，祇見那重山峻嶺中五六歲的小孩被父母拋散了，在荒野裏掘蘿蔔充飢，老嫗們撑着根竹桿，一步一跛，裹了小包袱跟着大隊前進，這樣顛沛流離，那大纔能走得到江西？何況家破人亡，處境也太慘了。

四

高淳不守，是爲縣長給傷兵打跑了，這是個活的教訓，大家不可不注意，關於傷兵難民退伍兵的招待，本來是抗敵後援會工作之一，直接影響地方治安，間接卽牽動大局，皖南各縣因財力不一，所以供應就有分別。在宣城廣德對難民及傷兵，是每名發給養，對傷兵另外贈榮譽章，蕪湖因爲存米太多，無船運走，凡是傷兵和難民過境，除了給養路費而外，還發米五斗，讓他們挑着走，所以有吃有用，在銅陵繁昌雖只招待一頓稀飯，總算對付過去，不過大通荻港兩地因爲負責無人，所以招致許多麻煩，連當地的老百姓也不能存身了，還有差役問題，如果辦得不得當，也是一團糟，徵草派伕，到了緩不濟急的時候，只好抓了，繁昌，銅陵，貴池一帶大路上，隨時隨刻可聽到冷槍聲音，鄉下人逃散了，威脅旣無對象，其結果自等於零・長江裏的民船朝內河裏躲，有的拖到圩埂上晒太陽，「物不暢其流，人不盡其用」，這顯然是下層政治組織尚欠調整的結果。

五

現在談民衆組織，雖說是「臨時抱佛脚」，但看一看目前的事實，確乎非常切要，到底總比沒有組織的好。桐城白蕩湖，周圍有三十里開闊，四面臨山，水不揚波，這是天然的水飛機場，兩星期前曾落了一架水上飛機，機上的人不說一句話，拿着槍不許鄉下人近前，等到上城報告，飛機已經第二天飛走了，於是地方上論斷，那一定是敵機，民衆有撲滅的責任，那地方的民衆在政府督導下是武裝起來了，此外蕪湖等縣也成立了義勇隊，將所有的壯丁都編制完成，武裝和給養亦有了相當把握，在皖南大決鬥場合裏，或許配合在軍隊中去完成衛鄉保國的任務，將血腥塗遍黃山山脈每一寸的土地上。

（鎮東，十二月十八日）

二三·永不能忘懷的南京

（一）血戰經過

一

寫南京之保衛戰，應當簡略地從上海撤退說起。上海的撤退，是受了乍浦的影響，所謂一點突破，全局受挫。我個人認爲上海的撤退，確是我們相當的損失，然而，那些話已經不必談了。

從上海到南京，沿途除「江陰，望亭，無錫之國防工事（按國防工事係自江陰起到乍浦止依實地地形築有據點）外，一直要退到南京。所以當時一面是節節抵抗，一面是抽調前方比較精銳的幾個師衛戍首都，趕築工事。

衛戍首都的部隊，分作江南，江北兩部份，江北是兩個師，江南又分作內線和外線，外線從龍潭，湯水，淳化，湖熟，到秣陵關，守軍是第×軍等，計六個師，內線是守城，為××師，憲兵，警察等，統受衛戍司令長官唐生智先生節制。在十二月一日，唐先生召集了各軍師的參謀長，參謀處長會議，對於作戰詳細部份，都有規定。軍事計劃，是決定了，不幸的管理國防工事圖表的職員，並不全在首都，臨時發掘，反而得向附近居民探詢，以致時間，人力，都不經濟。

國防工事，大致發掘完了，可是，它只是據點，關於據點間的連繫，是有待於作戰部隊完成的。好在上海抗戰的結果，用血肉換來的教訓，是做工為第一要着。因此，士兵們雖然由上海退到南京，他的工作器具——圓鍬，十字鎬還是背在身上。

工事剛在預期中完成了，同時，敵騎也到了我們底面前。

敵人到達天王寺後；一路沿京滬路西進，攻鎮江之新豐鎮，大部沿京杭國道到了句容。又分作三路，左翼沿國道攻湯水，直趨中山門，中央沿土石路攻淳化鎮直趨高橋門，光華門，右翼攻湖熟鎮，趨秣陵關。這樣，十二月四日，首都保衛戰便開始了。

從十二月一日起，敵機便不斷地到首都上空轟炸。在二日的正午，曾發生一次激烈的空戰。進攻的敵機是十二架，我們應戰的是新式的驅逐機十八架。遭遇在京郊附近，天空晴朗，看得非常清晰。在青龍山附近，擊落敵機二架，那時，筆者恰在上方鎮和一些友人們，忘記了危險與恐怖，翹首而望。那被擊落的敵機，在空中起先是一縷像電也似的一閃後，白色的降落傘，馬上便在空中飄搖，而我們的空軍，便不斷地用機槍向它掃射。等待那位俘虜降落到一家茅屋時，已經滿身血跡，快要死了。這一幕偉大的空戰，眞是生平第一次目擊，友人們還派兵去拿來一塊殘鐵，送給我作紀念，這些情形，到現在還像一幅清晰的圖畫，張掛在我心靈的面前。

二

敵人一貫進攻的策略，是步，砲，空，連合動作。首先用飛機轟炸，砲火集中火力射擊，戰車衝鋒，步兵跟進。

從四日到六日，兩天的惡戰，湖熟鎮，湯水鎮，相繼淪陷了。正面的淳化鎮，形成突出，守這裏的是××師王耀武部主力，他們本着在羅店三月的經驗，始終沉着應戰，上下咸抱與陣地共存亡的決心。敵人便由湯水攻淳化之左，湖　攻淳化之右，這樣，淳化鎮便成戰事的重心了。

同時，敵之後援部隊由湯水攻中山門，由湖　攻秣陵關。以期截斷京蕪鐵路。這時，我們的空軍，因光華門外的飛機場鄰近火線，起飛不便，不得不先行撤走，而敵機便更形活躍了。

七日下午，淳化鎮便成了焦土，飛機輪流轟炸，（附屬該處的高射砲都被炸壞二門）砲聲的稠密簡直和我們機關槍聲一般。戰士們的臉上，身上，都是土，守軍團長張靈甫，團附紀鴻儒等負重傷。全團犧牲到只剩二，三百人，于是，淳化鎮一度陷落了。王耀武先生因為淳化鎮的重要，馬上再督兵一團，用附屬他們的三輛中型戰車掩護，一個反攻，當天便恢復原有陣地，斃敵甚眾。於是，敵人改變策略，從青龍山附近突破，進入上方鎮，以致淳化鎮背腹受敵，不得不於九日的晚間，奉令忍痛撤退，這次我們固然有相當的損失；可是敵人卻付更高的代價。

上方鎮不守，敵人中央，左翼，都連成一綫，立刻進攻高橋門，光華門，中山門。中山門曾一次突破，經守軍的努力，馬上恢復了。這時，敵人的砲兵，已經延伸射擊到城下，城門附近的屋宇，立刻在燃燒着。

右翼敵軍以全力攻陷秣陵關後，便北攻牛首山和雨花台。這時，龍潭南京間也消息不明，戰況是緊張到萬分。

雨花台於十一日不守，守軍××師，不無一點責任，因雨花台淪陷，中華門的守兵便受了瞰射。敵人便一面進攻中華門，另由雨花台，牛首山兩路攻賽公橋，水西門，擬直趨下關，與京滬路西進之敵相呼應。這樣，南京包圍的姿態遂完成了。可是防守該處的恰巧又是××師，那位團長程智，他抱着必死的决心，他知賽公橋的失守，是南京的致命傷。兩天爭奪的結果，賽公橋還是沒有失守。而我們這位年靑英勇的程團長，却實踐他的諾言——陣亡了。（他是中央軍校五期生，湖南醴陵人，年三十歲，奉任陸軍步兵中校。他之死守賽公橋，使在下關的軍民能夠渡江，完全是他的力量，在這裏應當特予表揚的——筆者）

中華門既然受了瞰射，不久便被敵人突破了。這時，紫金山，和新街口的銀行大廈，都相繼起火了，—中了敵人的燒夷彈，到處電話不通，城裏的情形，已陷入混戰狀況。大概各軍在這時便奉到撤退的命令，向敵人反攻，衝出重圍，城內的部隊，多數經中山北路出挹江門。

三

這時，筆者正在城裏，而且手傷未愈。到鼓樓難民區去做難民，那簡直是可恥，而且是死路，（按南京經外僑建議，得我方之允許，敵方之默認，在城內設置難民區，仿上海南市的例子，雙方不得攻擊，我方當允將軍事設備解除，乃首都陷落後，敵竟在難民區大肆屠殺，並擄掠外僑財物，其獸行如此）！只好光着身子，帶着最寶貴的一本日記，跟着大衆北走，中山路再寬，也擠滿了行人。快到鐵道部，前面停了許多汽車，從流線型的小包車到破舊的卡車，連接成了一條直線。人行道上，有軍隊，民衆，少許的高射砲和小型戰車。前後都有槍聲，究不知敵在何方，幾經探詢，纔知道挹江門的守軍第三十×師不許人通過。

人是越聚越多了，稀疏制止前進的槍聲，已抑制不住羣衆的高潮，不知誰的引導，一聲吶喊，馬上將守兵衝散了，人便像潮水一般湧出了城。

挹江門已經閉了二個，剩了一個又只開了一半，還堆了許多沙包。有幾輛人力車倒在地下，一個不留神，人便跌倒了，後面的馬上從他身上走過。這樣，城門裏的缺陷，立刻用人來塡平了！走在上面，軟綿綿的好像在沙發上走着。

從人潮中擠出了城，又是慚愧，又是悲憤。下關也在起火，人是各走各的，碼頭上都站滿了人，可是都沒有船，大家在「望江而嘆」，那胆大一點的，立刻去紮木牌，下門板，甚至一張桌子，跳在上面慢慢地划着走了，馬上傳來的反映是一片救命呼號，於是，其他剩下的便將躉船開走，幾十個竹篙在飛舞着。

正在徘徊的時候，過着××軍部的一位副官，他說，他們有一只船，叫我跟着他走，這眞是說不盡的欣慰。到了他們的碼頭，門是關着的，許多衛兵把守着，到了裏面，躉船上的人已經滿了，一隻輪船在離碼頭二百公尺遠近地方停泊，不時冒出無力的淸烟。

船剛靠攏，許多人搶着上，船上對天開槍也沒有效果。立刻開走了，本來可以裝八百至一千人的，只裝了三五百人便開走了。岸上的咒罵和船上的呼叱，夾雜成了一片。這樣，船往返了三次，月亮已西沉了，筆者纔上了船。快到北岸的時候，岸上的守兵突然用機槍向我們掃射。經過了一陣叫喊，總算停止了。可是船上不知那一位士兵，又朝天放了一排子彈，

167

什麼用意也不明瞭，岸了立刻再來一次，使我們飽受了半小時虛驚。

幾經輾轉，船靠在浦口上游五里許的江邊上，恰好這裏有一隻民船，做了我們的臨時碼頭，而在更上游一點，有一隻子彈船正在燒着，步彈，信號彈，夾在一塊，紅的，白的，像流星般四射，火光熊熊，附近幾百公尺內都通明了。回看下關和城裏，一處處的火光，眞是傷心極了。

大地上一片漆黑，盲然地跟着人走，在浦鎮附近，不幸遇到守兵檢查，將所有的旅費都檢查去了，眼睜睜地敢說什麼？

天明了，到花旗營，右側又發現槍聲，只好繼續地北行。可是一些軍人，因不堪疲憊，便在路旁的村落中休息，雞啼犬吠的聲音，衝破了早之寂寥。

渾身給霜露浸濕了，棉衣增加了他的重量，壓得肩上發痛。

人是疲乏到萬分，可是不能不走，爲了什麼呢？「是要活下去，繼續反抗下去」！自己在回答自己。

到了東葛，幸運地遇到一列車北上，好容易擠上了，這樣便到了滁州。

同伴沒有了，錢，棉褲裏還剩下沒有查出的八毛，傷口在發痛。只好咬着牙。

168

敵人是不會放鬆我們一步的，當天，滁州被炸了。我正在一家茅屋裏面渴水，相隔不到五十公尺的客棧炸倒了，硫磺味衝進鼻管，茅屋大門震倒，土灰不住地下墜，眞是危險之極了。

第二天，北上到蚌埠，找到一個同學，借了五塊錢，住了兩天，因爲敵機的肆虐，街市閉戶，無法立足，這樣，又搭車到徐州。

徐州也因敵機的轟炸，陷入恐慌的境域，在這全面抗戰的時候，那有前後方之分，富裕一點的，遠走了，留下來的都是抱着苟安的心理——過一天算一天。守土的×司令長官慷慨的說與土共存亡，並委下不少的游擊司令，組織民衆積極活動。徐海大概不致令人失望吧！

津浦南北兩線都成戰場，二天的行程，車子送我到開封，這裏有不少的故舊，承情他們的照顧，得到暫時的安息。

從東葛到開封，這遙遠的長途，我不會化費一文車資，經驗告訴我，搭車的訣竅，是迅速，敏捷。看到那列車要快開了，立刻上去。可是，白天，有太陽，只有煤烟難受點，夜裏衣單風寒，可難受了。

在開封遇到不少繼續流亡的人們，他們告訴我幾件故事，都是可歎可泣的。

第一，十三日上午，敵艦已到下關，敵人戰車也由城內衝到下關，這時，我們還有千餘官兵在那兒固守着，敵人派漢奸來游說繳槍，他們將漢奸殺了，結果，這一千多人終因糧竭彈盡而殉國。

第二，一個躉船上，裝滿了人，大概有六七百吧，因爲船無法靠岸，始終泊在北岸附近，敵艦開砲射擊，只一發便將船身擊成一個大洞，血 橫飛，人便死了一半。隨後，漢奸和幾個善說國語的敵人架着小艇來了，將他們未死的分爲兩起，軍人在一邊，民衆在一邊，施行個別檢查，當他們正在檢查的時候，不知那一位戰士將那個敵人，推到江心去了，大家跟着將這幾位皇軍（？）打死。隨後的人跳水的，泅水的，沒有誰願意偷生。

至於他們是由難民區逃出來。當他們搬進難民區的時候，化了七塊錢纔租到一開門房。可是房東霎時又嫌他們是光身漢。同時，敵人正在大肆搜查，凡是換了便衣的軍人，以及青年壯丁，都是亂殺。婦女被拉走了，銀錢被掠奪了，他們裝做拉洋車的逃到燕子磯，用木牌過江，經六合，到滁州，情形是比我還狼狽。

開封表面上比從前進步了，其實，一點也不緊張，旅館，茶寮，天天客滿。防空壕一點不合實際，我在那兒的時候，敵機光顧過兩次，可是沒有投彈。

個人一切漸趨正軌了，奉令搭車南來。由孝感步行八天，到這山裏來工作，繼續訓練一批戰士，這裏表面上和外面像隔絕了，可是我們每個人心裏都充滿着怒火，我們知道，在我們手中失去的土地，要從我們手中奪回來。使一篇血賬上永遠沒有透支，我們要一點也不氣餒，學會刚落的屢敗屢戰，抗戰到底，直流到我們最後的一滴血。那麽，纔能把握住最後的勝利。（戾天，二十七年一月十三日，建陽驛）

（二）淪陷慘狀

自我軍因戰略關係暫行撤退南京後，南京遂告暫時淪陷於敵軍之手。而此莊嚴瑰麗之首都，在敵軍蹂躪之下，頓成鬼泣神號之恐怖世界。如侵犯安全地帶也，殘殺我已解除武裝之軍隊及無辜平民也，强佔中外籍民私有財產也，撕毀外國旗幟也，凡此種種，均爲目前居留南京之中外人士有目共覩。敵方宜傳員，雖極力從事國際宜傳工作，企圖掩飾其奸；然而事實勝於雄辯，敵軍之殘暴，其能以語言文字以掩蓋之耶？頃據來自南京之西人某君對英文星期報記者縷述南京現狀甚詳，茲節譯其談話如下：

「南京自淪落日軍之手後，其中情況，雖或未能見諸報章，然而南京居民，耳聞目見，

171

盡屬悲慘之事。南京殆已變成極度恐怖世界，而此種恐怖狀態之造成，又似得未進駐南京之日軍最高指揮機關所特許者。十二月十三日日軍先頭部隊闖入南京，沿路搜殺，見人開鎗，街道屍體積壘成坵，血跡斑斕。日軍之兇暴，或因彼等進犯南京時，屢受挫折，是故闖入以後，卽大事屠殺，藉以洩憤也。然而其殘暴行爲，尤甚於未開化之野蠻民族，當日軍入城之際，市民紛紛遷避，難民絡繹于道，入城之日軍，卽排列成陣，開槍掃射，難民紛紛倒斃，而互相踐踏而死者數亦不少。老弱婦孺，哭聲震天，大屠殺之景象，至足駭人；雖屬鐵石心腸，對此亦不禁掩面不忍觀也。

繼先頭部隊闖入南京之日軍，約在二萬至三萬人之譜，彼等入城後，城內狀態益形紊亂。日軍紀律極壞，一若野蠻時代之戰勝軍隊，橫行無忌，而統領之長官，亦取放任主義，毫不約束。日軍入城後之第一步工作，爲搜殺華軍，中國軍隊自動撤退南京時，尚有一部份受傷與未及撤退之士兵，退至「安全地帶」，並有在城外各僻地躲避者，彼等多已解除武裝，然彼等仍未能免難，一被日軍發覺，非被槍斃，卽以刺刀刺殺，日軍殺戮士兵後，卽埋諸城外濠溝中；其中有已死者，有尚未絕氣者，堆埋坑中，重疊如沙包。除搜殺華軍外，日軍對於非戰鬥員之平民，亦加以殺戮，屍骸盈野，血流成河，莊嚴瑰麗之中國首都，在日軍蹂躪之下，殆已變成荒涼滿目之鬼墟。居留安全地帶內大使館之外僑，對於日軍殘殺市民之行爲，目擊清楚，其中有極度慘酷而非筆墨所能形容者，目覩慘狀之外僑無不咋舌，搖首太息。

使館區經劃爲安全地界，日本飛機亦在是處投彈。一般難民，多走入安全地帶避難，然而安全地帶並非絕對安全，入佔南京之日軍，並不因該處係屬安全地帶而止步，而避入該處之華人，仍屬未能免難。安全地帶區域中，有少數華軍，事前已經解除武裝，而得國際救濟會許可，暫行避居安全地帶，但終被日軍闖入拘去，全數槍殺，當日軍拘捕此等華軍時，驅出界外，皮鞭刺刀交加，慘無人道，甫出界外，即以機關槍掃射，更有慘者，則於未槍殺之前，先以刺刀撲擊頭部及刺挖肢體，使其飽受痛苦，然後始行殺戮，刑罰之殘酷，只野蠻人始忍出之。日軍且包圍安全地帶中之某醫院（按係鼓樓醫院），禁止外人與醫院通信息，並禁止糧食運入醫院，院中受傷難民，其境遇如何，未有確實消息，日軍並以武力刧掠醫院之儀器傢私，以及醫生看護之財物，恃强凌弱，橫行無忌，然在日軍鐵蹄下之民衆，實屬有苦難伸，敢怒而不敢言。

據社會名流外國人士稱，彼等確曾在日本軍官及士兵住宅中見有中國婦女。由此可見日軍搶掠婦女之說，並非誣指。聽說日軍對付抗命之華婦，皆以刺刀柄敲其頭部，多有不堪敲擊暈厥者。據報有一華婦雙手被日軍用繩反縛，然後用皮鞭亂撻，直至痛楚難堪，暈厥倒斃。

日軍隨處劫掠。此種情事，已成司空見慣，其他日用品如鐘錶手杖及手電筒等，均任意掠去，只有笨重傢私攜帶不易者，則毀之而後去。難民囊裏所餘之一元數角，及攜帶之零星什物，亦被搶掠，醫院之貴重儀器及藥物，亦爲所喜。日軍搶刼，不限于中國人，外僑亦在被光顧之列，美國駐華大使詹森之住宅，亦被日軍入內搜索，據說室中各物並未被刼，只被檢去射燈一具。有兩位美國女傳敎士，包爾及海安斯姑娘，其住宅亦蒙日軍光顧，搜刼一空，同時更有一日軍官强在其寢室內睡覺數小時始行他去。外國旗幟已告無效，日軍不特不尊重外國旗，且任意撕毀，懸有外國旗幟之外僑屋宇及汽車，亦被佔用；外國旗之被侮辱撕毀者，以美國旗爲多；觸目皆是。日軍嘗在中山東路之有名德國餐室滋事，撕毀德旗，卒由德領抗議，始告解決。外國僑民在街道上走，尙未遭日軍侮辱，但中國人則時被日軍侮辱，日軍任意侮辱行人之事，固隨時隨地，皆可見到者也。查日軍在南京之行動，雖往時中國盜匪佔領城鎭時之奸淫殺掠，並無以過之。日本當局，雖亦承認謂欲取締此種暴行，但無從着手，凡此種種，均爲美德兩國留居南京人士之所目覩，自十二月十四日，外國記者離開南京之後，城內恐怖情形，當必有不堪設想者矣。而十二月十四日夜間，以至次日，城內日軍殘暴行爲，有非筆墨所能形容者，經兩日屠殺，至十六日日軍當局，乃開始加以注意，目前日本軍隊决不願任何外國人士，前往南京，在長時期之內，必不許可外人赴京；然彼已在南京之外人，則必將設法將此種恐怖事實，向全世界宣佈，此種事實，一日獲得充分證明，則日本軍隊此次攻城克地，迫令中國放棄首都，不僅不能獲得光榮，抑且在歷史中，永留汚點，日本人民其將悔之不及矣」。

關於長江英美砲艦被轟炸事件，該訪員繼稱：轟炸各該砲艦之日本飛機，其根據地不在上海，亦不在日本航空母艦，而在極近之太湖水面，此種飛機，就一般而言，當與陸軍密切合作，當十二月十二日清晨，日軍自稱奉到命令，對於蕪湖與南京二城之間，所有船隻，悉予以擊毀，此後來造成轟動全世界事件之由來也。該訪員之結論，則謂：日本在遠東，原以法律秩序與正義之主持者自任，其言雖不無過分之處，其在中國之種種行動，或亦可見諒於世，然自日軍進佔南京，出以種種暴行之後，聲譽遂乃一落千丈，即向來贊成日本大陸政策者聞之，亦無不爲之變色矣。抑南京城內此種事變消息，傳至日本本國之後，日本對於中國之預定計劃，亦不免受嚴重之影響，蓋任何國政府，此後欲與日本言和，將益無可能矣。且日本所佔之多數城市中，中國人民，紛紛撤退者，無慮數百萬人，日本此種暴行，已使此等撤退之中國人民，不敢重返其故土，因之日軍恐怖行動之結果，徒使其城市成爲不生產之丘墟矣。（中央日報，記某西人談話，一月八日）

二四・戰雲下的徐州

當東戰場打得最利害的時候——也就是北戰場最沉寂的時候。記者在濟南濼口橋畔守候了一個多月，津浦前線也足足的鎮靜了一個多月。但當我方離開濟南，來到徐州，津浦綫南端的戰事却都激動起來了。

徐州因爲津浦隴海兩鐵路的交叉點，平時已相當熱鬧。抗戰發動以後，軍事的運輸，難民的逃亡，徐州更有了它重要的意義。記者從抗戰發動起，在這裏已來回了十多次，在那個時候，還是很安靜的後方：這一次（十二月二十日以後）來到徐州可不同了，他已顯出最嚴肅最緊張的一副面容。

最緊急的是津浦路的南段，每天傳來一站一站的陷落消息，南京退出（十二月十二日）以後，接着就到了烏衣之花旗營，由花旗營很快的就到了滁州。不到一二天，就聽見退到張八嶺，並且還有退到明光的消息。在這一種不利的情況中，使大家都起了一種恐怖心。一部分人便逃到商邱去。

南京衛戍司令部的軍士臂上還帶着衛戍司令部的臂章，和從前方退囘的其他部隊的散兵，齊集在車站的一角，在逼人的寒風里燃燒起熱烈的柴火來禦寒。從老遠的地方忍受着痛苦來找尋醫院的傷兵們，同樣的在站台上或是擠在票房外面挨凍。

徐州以東的東海，自從××軍接防後，即加緊防禦工事的建築。又因爲有天然屏障的雲台山，東連島，西連島，山環山，山連山，地形上的優勢，敵軍始終未敢進犯，在去歲十一月時，敵人的航空母艦還停留海面，現在是駛走了。只是灌雲縣的灌河口因爲水深的關係，三五千噸的船隻可以進出，恐不免將爲敵艦進攻之路。

連雲港口封鎖以後，就死氣沉沉的和未開港前一樣，自經敵機幾次出動轟炸以後，當地的居民及行政人員，已逃避一空，最近雖然居民已陸續歸來，但已無行政可言，現在連雲港的一切都是由駐軍的團部一位政訓主任，周昺犁先生負責。關於當地行政，教育，宣傳，除奸組織等都是由他一人兼任。在那裏很需要一批青年知識份子去組織。

在武漢鬧着物價高貴的時候，而東海四縣物價之廉却出於一般人意料之外。在贛榆縣一元錢可買豬肉二十斤，祇合到五分錢一斤。原因是東海的鄉民每家都養幾口豬，養大後就運到上海及內地出售。現在海運不通，陸運不暢，於是就在供過於求的條件下貶價了。此外，大米十五元可買五千斤，白菜一元三百斤，其他小麥雜糧等，價錢均小得嚇人，「穀賤傷農」，已無法挽回。除此更有一種迫切的問題，就是東海現在積存了五百萬石的鹽，現在也不能輸出。（海萍，一月二日）

二五・捩轉東戰場局勢

十二月初，我軍與敵軍苦戰於蘇州河岸，有一天晚上，孫元良軍長對我說，「此綫上敵若用四萬兵力，我軍就支持不住了」，其時，馮聖法師長已担慮國防陣綫的防守問題，只怕有陣地而無人去防守。記者當時很注意前敵將領的遠慮，時時担慮平衡力的打破，直到十二月十一日，東戰場局勢大變，許多人才對於「一面倒」所遭遇的洪流，驚疑駭怕，動搖一向對於最後勝利的信念，但事實上並不如一般人所想那麼可慮，以記者所知，東戰場上敵我軍力，直到今天還未完全失去平衡力，也不妨說一句樂觀的話，我首都南京失陷以後，東戰場的軍力，比較還是我佔優勢，一般人或者對於我的估計不十分相信，讓我來作一度客觀性的剖析。

敵軍初調來淞滬作戰，係第九第十一兩師團，此兩師團前曾參加一二八戰役，與我第五軍（包括八十八，八十七，三十六三師）戰士均係戰場舊友，敵於東戰場雖作一星期佔上海之誇語，實則希望能一個月內擊退我軍出上海郊外，我精銳部隊先後集中於江灣吳淞寶山羅店沿綫，消滅敵部隊甚多，故先後調集近衛師團第三師團及第三第五第六第八第十二第二十各師團之一旅團，共十七萬人，加以化學兵隊機械化隊等新配置，仍不能打破均衡之勢。十二月初旬，我精銳部隊消耗過多，均勢將破，而後方交通被敵破壞，增援不繼，敵乃以一師團之增援，而造成「一面倒」之局勢，以此事實，可知形式上之「一面倒」，實質上並未「一面倒」，最近二週間，我軍節節轉優勢，更可爲並非一面倒之證明。

原來我軍素質不等，而各地士兵對全面抗戰之連繫上，也欠密切，因此，一點被突破，全線即動搖，敵軍士兵知識水準較高，一連或數連作戰受損，其殘餘部隊互相連合，即可作戰，我軍士兵知識水準較低，下級幹部作戰受損，士兵即不能自行組織作戰，以故我軍敗退之後，非有短期間調整補充，不能作戰，而敵即抓住此弱點，乘我久戰疲憊，不容我有調整

179

補充之機會，步步脅迫，造成一月來可悲觀之情勢，而我最高將領於無可奈何的情勢之下，急急調整，四十日間，已依賴天然的陣地，把敵軍擋住，而且乘敵軍無力支撑闊長陣綫的機會，作全綫反攻的計劃，杭州失陷，可以說是舊局勢的最後一節，而杭州的克復，正是新局勢的序幕，敵於東戰場上已無完整的生力部隊，我軍則除五分之三係舊部隊，五分之二均係生力部隊，敵苟不放棄爭取銅山（徐州）之野心，則今後之東戰場，我將佔絕對優勢。

我的預測，敵有放棄太湖流域南岸的可能性，上海南市也有放棄可能性，惟長江沿岸，如江陰鎭江南京，則以海軍控制，一時不會放棄，閘北及虹口爲敵生死所關，除非國際情勢大變，一時不會放棄，我有穩定東戰場可能性，但三四月間，生死搏爭在西戰場，東戰場或竟暫時相持下去，亦未可知，我們的最後勝利，在持久消耗，使敵陣自己崩潰，則最後勝利，決非一年半載間的事，我們要忍耐長期間的戰事苦難。（曹聚仁，一月）

東綫的撤退
"抗戰中的中國"叢刊
長江主編
胡蘭畦等著

“抗戰中的中國”叢刊之四

東線的撤退

胡蘭畦等著

生活書店

中華民國二十七年三月

目次

閘北孤軍退出記

問津

我軍自陣地移動後，獨留孤軍八百餘人，由團附謝晉元，營長楊瑞符指揮，堅守閘北光復孤口四行倉庫與大陸銀行倉庫，苦撐四晝夜，始於昨晨二時許，因奉最高當局命令，全部退入安全地帶。這一幕英勇抗戰，引起中外注意，記者雖經數日調查，終以有關軍事秘密，未便輕於發表。現在我英勇將士已經退出，將在長期抗戰中與敵作更壯烈，更偉大，更有效的奮鬥！閘北孤軍的堅守雖事已過去，但他們在這一「天然堡壘」中的種種活動，却值得我全軍將士，全國民衆的注意，在今後英勇抗戰中實地應用起來，定於抗戰前途上有不少的效力。

—1—

因爲大場一點的突破，十餘萬大軍的陣地，作了戰略的後移。實行之初，大家還不免有些懷疑，可是事過幾天，大家都沒有什麽話說了；主要的，因爲我們的後撤不單避免了敵人包圍的犧牲，而陣地更形鞏固了。在長期抗戰總結算上沒有什麽不合算。

同樣，閘北孤軍因爲意志的齊一堅强，行動的敏捷果敢，實際已盡了殿軍的責任，使閘北數萬主力軍獲得了掩護，很安全整肅地退出了閘北。我們在一個佯攻之後，行動了一個整夜，敵人都沒有察覺，直到天亮才前進。又因爲楊營長的堅守，更根本避免了敵人的追擊；這是楊營已費盡了掩護退却的責任。

敵人劈拍劈拍地一連攻擊了四晝夜，傷亡了百餘人，消耗了無量數的彈藥，而我們困守的孤軍，因爲工事的堅固，技術的高明，只有五個人殉國，帶傷的也只有三十多人。因爲孤軍的奮鬥，引起了敵人的重視，世界人士的同情，民衆熱烈的抗敵愛國情緒，這是孤軍又一任務的完成。

現在，我們全營歸來了！我們相信他們個個人的信念更加强了！殲敵經驗更多了！在敵人重重包圍中度過了幾天，敵人的紙老虎也穿破了！拿這樣的奮鬥精神，再配以優良的陣地，雄厚的兵力，適當的時機，去對付敵人，那效果比長久死守在這孤懸的有限陣地上好得多。

再，這批勇士回到整個部隊以後，極自然的會將他們的實戰經驗，堅苦精神，傳到大批隊伍中去，這效果之大，決非公式的政治教育與死板的軍事訓練所可比擬。

所以，最高領袖命令孤軍撤退，是十分正確的；楊營將士完成了重重的任務，然後奉命而安全撤退，更沒有什麼不圓滿的地方。我們民衆的熱烈鼓勵，除希望他們多消滅幾個敵人，完成了他們任務以外，未必有人誠心地要看他們演一幕「壯烈犧牲」！而且他們這種始終「服從命令」，「達成任務」的精神，只要能普遍到全軍全民，我們的抗戰部隊像一部靈活的機器地由最高領袖去適當的運用，我們的抗戰前途，決沒有失敗的道理。

記者昨天在細雨濛濛的午後，抱着滿腔的熱誠，到一個醫院慰問負實際指揮孤軍作戰受傷的楊瑞符營長。楊氏面容很消瘦，而精神則出我意料之外的奮興。

他的傷在小腿部，他讓我看時，一肢壯健的小腿，在無數層的紗布纏繞中，依他精神的良好，想在短期間可以痊愈的。

我剛剛坐下，就有極濃馥的香氣撲來，仔細看看，原來他的床邊，桌上，都擺了好幾盆鮮花，有一盆是無名女郎送來的。我正預備談話時，該

4

院護士長湯競葦女士又送一大盆菊花來，整個病室在芬芳的籠罩中。

「我這次很遺憾，殲滅的敵人不多，既未成功，又未成仁。……」楊營長首先謙抑地說。

「你這次既掩護了大軍退却，又殲滅了許多敵人，現在全部安全脫險，今後在長期抗戰中，更將大建功績，還有什麼遺憾。」我很直爽地作了幾句解釋，並希望他談談他們全營苦鬥的經過。

「好，我爲你從頭說起：十月二十六日晚十一時，我奉了留守閘北的命令，即率部向四行倉庫集中，當時砲火猛烈，軍隊分散各處，不易很迅速的集中起來。我命傳令兵分途出去，先由北站防地集合了一連，開到四行倉庫；我帶第二連續去，三連與機關槍連隨後也到。

「因爲事前毫無準備，所以一直到午夜二時許才完全到達目的地。第一步先收拾炊具，找尋些必需的柴木，然後偵察地形，佈置陣地，開始構築工事；並破壞了全部電燈，以便軍隊隱蔽，並免敵人利用電線放火。到一切部署差不多時，天快亮了。

「晨六時，在蒙古路附近旱橋警戒的一排兵前來報告說：『敵人前進了！』接着警戒兵一面迎頭痛擊敵人，一面逐步後退，退到本陣地時，已七時半了。那時北站大樓上，已插上太陽旗了，但是敵兵還未敢輕進，先用砲亂轟了一陣，見我軍還擊聲稀，才到處放火，實行所謂『威力搜索』。」

他談到這里，病房內外已雜亂地站立了七八個人，都在靜靜地傾聽他的敍述。

「到下午二時許，敵人進到蘇州河邊，開始向我們進攻；警戒部隊立卽應戰，庫內部隊仍趕做工事，敵來勢很兇，一面猛襲，一面放火，與我軍激戰二小時，敵傷亡達四五十名，待我警戒部隊退到四行倉庫時，敵又跟進，堵住倉庫門來襲。」

當時大家的面容，顯然受到他的感動，緊張起來，等候他說下去。

「那時我們的工事還未作好，所以我一面派　堵門迎擊，一面派兵到房頂　投彈；投了二個迫擊炮彈，幾個手溜彈，倉庫西南牆下，就擊斃敵兵七八名，傷二三十名，其餘都跑走了。遺棄槍枝四五支，直到我們撤退時，還在那裏放着，因爲我們派兵監視，敵始終未敢拿去，遺屍都是由警犬拖回的。」

他剛說得興奮了，要繼續說的時候，一個女護士送來一碗藕粉，他在大家催促之下匆匆講下去。

「二十七日與敵激戰前後三小時後，敵人已知我軍不可輕犯，靜寂了兩天，少數敵雖屢圖偷襲，均經我軍擊退。我　大部隊專門拚命做工事。這所倉庫，眞是一個『天然保壘』，儲存了幾千萬包糧食，第一二三層樓都是小麥雜糧之類，四層與五層，是牛皮與絲繭，都是很有用處。一層至三層，我們作了三天就完全告成。將每個窗戶門口均封閉了，南牆邊的麻包，堆積了五公尺厚，北邊各門口，築有十公尺厚，都是從地板到屋頂。第四層因爲材料不夠，並爲引誘敵人多多消耗彈藥，實際我們無人住在四層樓，第五層工事昨天已完成，這層工事非常好，比敵人侵佔的交通銀行倉庫高得多，我們完全可以控制敵人，敵人對我們沒辦法。」

大家正聽得痛快的時候，忽然走進來一位十六七歲的童子軍，向楊營長深深地鞠了躬，表示敬意以後，默默地站着聽話。

「昨天我們只顧在五層樓做工事，只派少數兵應付敵人，敵雖不斷來攻，我們在裏邊根本聽不大清楚，讓他去瞎攻，消耗子彈，我們子彈寶貴得很，沒有優良目標，決不放一槍。

「到昨晚（即前晚）十一時，我們作好了第五層工事，還剩了許多蔴袋，正打算放在屋頂，防敵空襲，忽然奉到撤退命令；同時敵人攻得漸漸緊了！所以我們預定五日完成的工事再未進行，否 屋頂與第四層工事今天均可作成了。」

這時，有女護士來試溫度，按脈搏，所以沉默了幾分鐘，有人還送來鮮花籃，楊營長說：「我眞是受之有愧！」

「我們除忙着做工事外，還注意到防火、照明、衛生等設備。其次，簡直沒有水喝，倉庫里的水管都沒有水。後來在蘇州河邊一所破房子中才弄了自來水，但是恐怕敵人破壞了， 以在每層樓放一個水桶，把大家的

9

小便都藏起來，以備防火之需。我們用棉花打成捻子，弄些煤油點起來，作照明用，凌空擲下，同時還用一個棍子，綁上繩子，繫上民衆給我們贈送的大號手電筒，一人持着，將身子隱在一邊，一人向下投彈。另外還可以打信號槍。

「我們在北站與敵人戰了兩月多，敵人的一切，我們都曉得了；他們有的就是大砲飛機與戰車，可是我們已經有了對付的經驗，老兵一點不害怕，就是補充的新兵有時吃虧，他們的步兵太胆小了。

「在這里，工事這樣堅固，戰車原本衝不進來，重炮用不着，飛機因爲這個倉庫到底目標很小，不易投中，稍稍不準，就要拋到他們自己的陣地。」

他說着並用水筆爲我畫了一張陣形，證明敵機的無用，絕對不敢直下

10

轟炸，就是直下，我們也有防空設備，屋頂上早有兩架高射機關槍等着。

「最怕的，是敵人在倉庫附近隱蔽的地方，挖掘地洞，用炸藥炸壞了牆，同時用戰車來衝洞口，那就不好應付；所以我們在晚間不斷用電筒向外面照射，如發現有敵人活動，馬上就投彈。至於敵人用平射砲亂轟，實際毫無效果，這倉庫比北站大樓堅固得多，全是紅磚紅士敏土建成的，我們打一個槍眼，也得費五個鐘頭。加上我們的四晝夜的工事，外方打步槍裏邊有些地方聽不見，眞可說『有恃無恐』。我認爲長期抗守很有把握，毫無問題。民衆在外邊爲我們着急，我們在裏邊倒『視若平常』，因爲一方面我們都有犧牲決心，一方面成功頗有希望，成仁符合我意。

我們沒有不達觀的地方。大家關心的只是我們的工事沒有完全作好，有這樣多的麻袋供我們使用，有這樣多的粮食，作我們 食，有這麽多英勇的兄弟……實在捨不得。我同謝團附離開這陣地時，忍不住都落淚了！—他說着，眼圈似乎有點紅暈，又要落淚的樣子，我也全身發了熱，趕快脫了大衣，又向他解釋說：「你們的撤退，並沒有什麽遺憾，我們不是要長期抗戰嗎？」

「是的，軍人以服從爲天職，我們守是奉命，退也是奉命，而且是冒死退出的●我們退出的路口，敵人佈有四架機關槍，並有照明燈，我們打壞了一架，敵又裝了一架。我們是用兩架輕機槍，一架重機槍保護退出的。我們官兵苦守了四晝夜，大家只趕着作工事，誰也沒睡覺。

「這次堅守中，出力的都有那幾位？」

「那天投彈炸死許多敵人的，是排長殷求成幹的，他因未用棍子打電筒，被敵擊傷了右手。我們對官兵，只求能達到任務，這次堅守的，都很有決心，誰派到任務，誰都可以達到，般排長機會好，所以表現好。我們這次的決心，是中華人民個個都有的，中華民族能延續到今天，不是偶然的。日本人不認識我們民族的歷史，一定要我們永遠忍耐，到底屈服，必招慘敗。」

他說着又想了想說：「還有一位上官連長，湯醫官，因爲移防時都在他處，直到二十八日才經過[illegible]多堅苦視死如歸地趕來，鑽進了四行倉庫，與大家決心共存亡，都很可佩服的。另外有第三連陳排幾個弟兄，在敵人堵門來攻時，他們在敵機槍猛射中英勇奮戰，爬在地上弄了一臉灰，起來擦擦眼，又向敵還擊，待敵機槍掃射，又隱蔽到地上，這樣更番苦戰的精神，都很不可多得。」

「現在事過了，你們當時的兵力分配，可否對我講講？」

「兵力佈置按戰術上分重點與輕點，最要是兩翼，所以我們左翼（即交通銀行倉庫那邊）右翼（西藏路方面）都配備重兵，中間兵力薄弱。我同謝團附住大陸銀行倉庫里邊，我們的重武器， 輕機槍二十七架，重機鎗六架。高射機鎗兩架，只要我們堅守下去，定可殲敵不少。」

楊營長是河北省人，中央軍校第六期畢業生，與閩戰中陣亡的王作霖團長同期；「一二八」時在河南担任剿匪工作，初在第二師，曾參加過許多役，「八一三」戰起，冒了好幾次險。昨晨初次受傷，因見手上有血，始行發覺。

火線上的婦女割穀隊

胡蘭畦

一　參謀長告訴重上戰場的故事

我去師部時，師長和副師長都因爲在戰爭上過於勞苦，沒有睡眠的時候而病着了，雖然是看見了他們，不過只談了幾句問候的話，關於工作是參謀長給我談的，我們隨着他的指示，跟着政訓處工作。參謀長還告訴了很多這次重上戰場的故事，特別是士兵們很英勇自發地去搶奪敵人的槍械的事情。他說有個士兵一個人打死幾個日本人，還奪囘一枝輕機關槍，四枝步槍轉來。

我們從師部坐了一隻小船，在細雨濛濛中開到政訓處去，沿途竹樹蔽天，田中滿是金色的稻穗，若不是震耳的砲聲，我們眞要被這夾岸的風景所沉醉了。原來我們的船是經過隱藏着的砲兵陣地，經過高射砲陣地前行的。在船中隊員們都高唱着抗日的歌曲，歌聲慨慷激昂，陣地上的士兵們都跑出來看我們，因爲我們是女子，他們都很受感動。看見這些壯健的戰士們快樂的笑臉，我們也興奮極了。

二 處長的樣子很和氣

政訓處離火線大約有二十里路，我們到那兒的時候，處長帶領着附近的農民到前方師部旁邊割稻去了。李秘書很殷勤地招待我們同時還給我們介紹了在那兒服務的廣肇中學的幾個童子軍和同義中學的女童軍。這天夜裏我們在一間廳房內用草在地下舖了一個很大的地方，我們都在地下睡，

16

屋上漏下的雨水把我們的舖蓋浸濕了，被窩冷冰冰地蓋在我們的臉上。

第二天我看見了處長，處長的樣子很和氣，說話老練謹慎，對于我們也表示很歡迎，他說：「你們來得很好，現在我們正開始割稻的工作，因爲火線上的人民，都已逃走，這秋收的事情，完全停頓，如果再不割的話，那些穀子都會熱得落掉的呀！」處長斟了一杯茶給我。

「我們也可以參加這個工作。」

「你們參加這個工作嗎？」他似乎覺得不大適當的樣子，他看着我說：「恐怕太辛苦呵！」

「不要緊，我們可以的。」

「好好，商量一下，」處長微笑着。

「隊員們都很願意，昨天來時知道處長去前方割稻，他們都願意參加

17

，並且把割稻的手套都做好了。」

「好好，你們眞熱心。」處長笑着答應了。

我很快樂地囘到廳房中給隊員們講了，她們很高興。於是就計劃着去發動難民來參加割稻，經過亞芬，秀娟，敏玉等大家整天的宣傳，農民們已經更明白這件事情的重要，而且對於他們是很有益的。因爲我們大家都去的原故，他們才去掉那種種恐懼的心理。那天宣傳的成績眞好，到晚上去割稻的時候，不但有幾十個農民，而且還有上百個的婦女，她們都帶着鐮刀，帶着乾糧來了。

說到割稻子，不但我們的隊員們不是內行，我自己也是個門外漢，就是我們拚命的割，也不見得能割幾多，可是要是我們不去，這一百多個農婦就不會上前。難道我們眞的是去擺面子嗎？這可不行，於是我們提出一個工作合理化的口號，又把工作重新分配過，我們的隊員不要担任割稻，只是照料割稻的人，出發的時候，大家帶好了藥包，預備救護割稻的人，害病或者受傷的。

在出發之前，先給農夫農婦約法三章：（一）飛機來了，不得亂跑，大家要伏在地上躲避。（二）在路上不能說話，不能吵嘴，不能高聲大笑，並且要聽我們的指揮。（三）稻子只能割稻穗，稻草留在田裏。

五點鐘時，天已經暗下來了，這個不整齊的隊伍，就跟着我們的隊員到火線上去。隊伍雖然不整齊，可是很聽命令。眞是開心得很，她們眞的謹守着約法，不說話，不吵嘴地向前走。到了前方師部村子前，柳秀娟她們去請示問開始割那一畝的稻子時，農婦們就站在那兒一步也不動。

士兵們看着她們，都很驚訝地說：「嗨！中國眞有辦法，老百姓都上火線了，女同志都這樣努力！」

隊員們眞是快樂得說不出來！她們從來沒有帶過隊伍，今天一帶就帶着一個這樣聽話的新隊，而且看見士兵們這樣稱讚着，她們眞是歡喜，她們想：「我們的隊伍眞是賓大强壯！」於是她們的肚子內又悄悄地哼[illegible]歌來了。

到達割稻的村莊，已經是黑盡了，因爲天陰的原故，眞是對面不見人，伸手不見掌，而且稻田中的積水很深。

三　好像生了夜眼一樣！

「開始割呀！」割稻的人都站在水中摸索着開始工作，隊員們就在田邊照料他們，女人們割稻子，男人們挑籮筐當運輸，他們慢慢地習慣了在

20

黑暗中做事，好像生了夜眼一樣，她們自然地越割越快，我們只聽見許多鐮刀拉斷稻子發出來，喳、喳、喳，的聲音，她們自己也不知道是手的功勞，或者是眼的功勞。在她們已經感到並不一定需要燈火的時候，忽然天上放出一團火光，把稻田照耀得和白日一樣，我們看着一大羣人都拿着鐮刀，拉着稻子，站在田中做着一樣的運動。

「飛機，飛機，」有人叫了。

「照明彈！」

「不要怕，不要動好了。」柳秀娟這樣關照着。

四　她們眞不願看這種光明

眞的都不動了，有的人還把眼睛閉起來，她眞不願看這種光明，她寧可在黑暗中摸索。

飛機不時又來，照明彈也常常在放，可是我們割穀的人已經得了一個經驗，照明燈在遠的地方，只要不在自己的頭上，於她們的工作不但沒有害，而且還有一些幫助，她們笑喊着：

「好，再來一個！」

夜已經深了，潮濕的寒風，從每個人的臉上鑽到每個人的頸子裏面，大家都冷得抖戰起來，這時已經割了八十幾担穀子，大家都快樂地整隊回來，泥滑的道路上，還靠着敵人的照明燈，她們才不至於跌觔斗。

五　想個辦法使她們開開心

我們的隊員們知道她們的新隊伍都太辛苦了，要想用個什麽方法來使她們開開心，唱歌嗎？不行，這些農婦……從娘肚子裏生出來就沒有唱過什麼歌，一時之間絕對無法教得出來，然而我們的隊員，究竟十分愛惜她們的新隊伍，李平想出了一個辦法，她想：「歌不會唱，報數目總可以。」

「喂！阿嫂！媽媽！現在我們數一數我們有幾何人數，好嗎？」

「好，好格！」

「頭一個數一，第二個數二，就這樣三四五六地數下去，好，開頭！」

「…………」沒有回音。

「那能沒有聲音哩？」

「哈哈，哈哈。」

「重來，重來，數呀！」

「…………」還是沒有人報數。

「那能哪？數呀！好吧，我開頭，（一）！數二呀！」（二）

「…………」又沒有聲音了。

「數三呀！哈哈哈哈！」

「重來，重來，我數一，你數二，她數三，（一）！」

「（二）！咕咕咕咕！」

三呀！

「好好好，三！」

六　農村婦女從來沒有這樣大笑過

我們隊員的新伍已經走回原地了，可是她們的數目始終沒有報到第五個，根據割來的稻子定個人數。我們可以說大概一百多，如果一定要報數的話再走兩百里之後，或者還報不上十個人。中國農村的女人們是從沒有這樣大笑過，活躍過的，在這抗敵的戰場上，使她們得到了這種快樂的大笑，這是一個偉大的戰場，中國被束縛的女人們，趕緊跑到戰場上來，在抗戰中掙脫你們的束縛，找尋你們的快樂吧！

模範軍人——尹團長

胡蘭畦

一 第一次看見的尹參謀

那天我到軍部秘書處去參加審訊漢奸的工作，同時軍部參謀處有兩個參謀也在那兒，一個是瘦長而活躍的王科長，一個是高大而沉靜的尹參謀，他們都很熱心地參加這次的審訊。

漢奸是一個十六歲的小孩，一隻手被綑着，打着赤脚，生了滿頭的癩瘡，說話時口齒很不清白，聲音好像初學說話的雀鳥，吱吱，嗶嗶地，誰都不相信他會當漢奸。

「儂叫啥格名字呀？」秘書長操着洋涇浜式的上海話問他。

「魏毛三。」

「啥格地方的人呀？」秘書長的洋涇浜聲音拖得很長。

「××北門外。」

「說大聲一點！」秘書長聽不清他的話，高聲一叫，髣髴是對他示威一樣。可是這個小孩似乎萬事都滿不在乎的樣子，拿眼睛望了望祕書長，他又說了一聲，「北門外囉。」

「儂格家裏有些啥人哪？」

「沒人哪，有個阿婆。」

蒼蠅約好了伙伴，把隊伍開來屯紮在他的癩頭上了，還有一個買辦飛到他脚背的瘡疤上去採辦糧食，他還是表示了一個不要緊的樣子，把脚朝上一蹺，一灣腰就用嘴對着脚背吹一口氣，蒼蠅吹走了，然後就用末捆着的手指去細細抓那個瘡疤。

「你給東洋人做了啥格事情呀？」秘書長問他。

「沒做啥格事體啊，」他用肩頭聳上去抵抗頭上蒼蠅，把腦袋搖了幾搖。

「這個樣子，作什麼漢奸！眞是莫名其妙的一個呆子！」高大的尹參謀這樣說。

「說呀，東洋人叫你做些啥事體呀？說了，我們就送儂回到儂個阿婆家去。」秘書長笑對他說，他看了秘書長一眼，臉上也泛出了笑容，他好像已經想到了他的阿婆了，「東洋人沒有啊，」他又蹺起脚用手去抓他的脚背上的瘡疤。

「喂，不要抓，說呵！」

「楊阿二叫我到羅店去買褲子。」

「到羅店去？」王科長也帶笑地說：「有點味道。」

「還做什麼？」

「到行上去數炮。」他的話始終是這樣簡單。

「數什麼炮？」大家都帶了驚異的樣子。

「數大炮呵。」他的眼睛望着空中正飛着的蒼蠅，又用嘴去吹它。

「數了幾多？」祕書長問他。

「十六隻。」

「媽的，眞是十六隻，這個傢伙。」王科長說：「炮在什麼地方？朝什麼方向？」

「在壕溝裏，朝北啊。」

29

「對呀，這個王八蛋！」王科長有些生氣了，他馬上拿起軍用電話來，就接到參謀處去問：「喂！我們炮兵陣地的炮是幾門呀？」

「十六門。」

「喂，朝那個方向呀？」

「朝北呵。」

「媽的，眞給他數清了。」王科長眞是生氣了，「眞是朝北呀！」同時大家都很吃驚。

二　一個嚴重的社會問題

「楊阿二現在在啥地方？你得了他幾多錢？」祕書長也觸火了，連他的洋涇浜上海話都來不及說，很生氣很快地吼出他的岳州土腔。

「楊阿二不見了哪。」

「到啥地方去呢？」

「不曉得。」

「你得了他幾多錢？」

「一塊錢。」

「該死的東西！」有人說：「這還有何話說！」

「這樣的漢奸，眞是可憐！」尹參謀說：「我始終不同意拿這樣的人去殺掉。」他表示出非常可惜的樣子，而且他的意思已經歸結到這是一個嚴重的社會問題，決不是消極的殺戮可以解決的。我第一次看見尹參謀時所得的一個印象，覺得他雖是一個軍人，卻是一個很瞭解現社會的儒者。

三　很喜歡高爾基的作品

第二次我看見尹參謀，正是敵機在頭上瘋狂地抛着炸彈，他和王科長二人因公外出，經過我們服務團的住所，他們就順便進來躲一躲危險，這時，團員們都出外工作去了，他很稱讚我的團員們的努力，他坐在我那張破朽的棹子傍邊，而他的眼光已經注意到牆壁上貼的圖書目錄，他說：

「胡先生，你可以借幾本書給我看看嗎？」

「好呀，你要什麼書？請你在壁上書目中選，好不好？」

「我很喜歡高爾基的作品，這是一個很可敬佩的人物。」

「好。」我把一本「高爾基的代表作」檢出給他，「『歌德自傳』好不好？」我又把思慕送給我，他自己翻譯的兩本巨作拿出來，我說：「這也是一部名著。」

「很好，」他說：我在幸之那裏曾經把胡先生著的「在德國女牢中」借來看過，我讀了這本書之後，我更認識了胡先生的人格，敬佩得很！」在他這樣稱讚之下，我簡直不好意思，只好厚着臉皮連連地說：「不成東西，不成東西。」

時候已經不早，我的團員們還未回來，王科長看看天，他說「你們的團員們還未回來，眞是努力，再得你這樣一個堅決的領導者，眞是可以爲國家做些事情。」

說着話，敵機的惡作得差不多，稍遠的房屋，還燃燒着的時節，它們又很得意地飛起走了，尹參謀和王科長也就告辭出去。

四　尹參謀當了團長而且負了重傷

我從上海帶着第二隊回軍部來時，不過五六天的光景，就聽說尹參謀已經到××師當團長去了，並且在前線負了重傷，我聽到這個消息，受了很大的感動，心中很是懸念，不知他究竟怎樣了。我覺得尹團長的受傷，正是表現了他的人格，他並不只是一個簡單的有儒者風度的武人，尤其不是那種滿口仁義道德而不實行的理論家。

我到××師去工作時，曾經探訪過他的消息，參謀長告訴我說，他是中了炮彈，負了五傷，現在後方醫治。雖然是知道尹團長沒有生命的危險，但是被炮彈打中五傷，也並不是什麼好白相的事情。

五　尹團長還是那樣神彩奕奕

十一月十一日的拂曉，天剛剛黎明，地上的草還滿含着露水，我從××師政訓處跑回軍部來，向×總司令請示服務團第二隊（就是我帶在××師服務的）的行動的時候，在參謀處忽然看見這個高大漢子尹團長在那兒打着腿。

嗄！除了清瘦了一些，臉上帶者失血後的黃色以外，尹團長還是那樣地神彩弈弈的，兩隻清亮的眼睛，還是像火炬照人，還是那樣的沉靜，眞是出乎意外，高興極了，我跑過去和他握手，眞比隔世重逢的兄弟還親熱。我說：「你好了嗎，尹團長？完全恢復了健康嗎？這樣快就出了醫院？」

「好了，還有兩處的傷口，沒有完全合縫。」

「那麼爲什麼這樣早就出來呢？唉！聽着你這次受危險的消息，大家都躭心極了。」我一面說一面走進參謀處的辦公室，一眼就看見牆壁上掛着一張日本的軍旗，顏色很是新鮮，我的話還未說完，矮小的那個王參謀接着我的話背着尹團長說：

「胡團長，你要他告訴你，他這次的經過，眞是有趣得很。」

「喂！老尹！你快告訴胡團長，讓她寫一篇文章最好。」

軍部的參謀，有七個都是姓王的，又是一個高長的帶着十二萬分神氣的王參謀，他天天都穿着那發亮馬刺的皮靴（以後凡是遇着這位王參謀的時候，我們就叫他做很神氣的，或者是穿發亮的馬刺的王參謀），他很神氣地這樣說：「你請坐坐，讓他告訴你。」

六　把地圖拿出來

我坐下來後，很鄭重地請尹團長告訴我，關於他負傷的經過，他很爽快地答應了我，而且把地圖拿了出來，攤在棹上，好幾個人都圍到地圖前來了。

七　除了自己先上前是沒有第二辦法的

「這次上戰場，我自己是毫無把握的，因爲我被派到××師去，只有兩天，這一團兵和我只有兩天的關係，在這樣血肉橫飛的戰場上，如何能很活潑地把士兵指揮得很如意，確實是件難事。」說着他的手指已經落到地圖上面，他指着那條京滬鐵路眞茹南翔段的黑線上，他的眼睛發出光來了，他說：「我帶一團人在鐵路的南面，敵人是在北面，靠鐵路的是友軍，他們被敵人的大砲轟潰下來，滿田滿野的亂跑，我接到上面的電話，命令把這個隊伍堵住，不讓他們退下去，費了很大的力，才堵着了一些隊伍，可是這時的情況更加緊急了，敵人已經衝過鐵路南面，已經佔領了友軍的這個陣地。」他的手指指在靠鐵路南面的一個點上。「我的隊伍紮在××宅。」他的手從這一點向上面東南方一拉，如果我不去抵抗住，這個陣面就更加危險了。「我有什麼方法可以指揮這些與我素無關係的士兵呢？除了自己先上前線是沒有第二個辦法的。」他的眼光很銳敏地望着我們掃了一轉，我們大家都很緊張地望着他，急於要聽他的下文。

八　團長已經上前了

「好！我就下命令叫衝過去，我自己首先上前去，於是我就大聲高喊：『跟上來呀！團長已經上前了。』」他的眉毛往上一聳，那北方口音越說趁響，他說，「我想單是這樣喊，一定不行。萬一這些兵看不見我，不跟上來，怎麽辦呢？我也顧不得被敵人看着目標向我射擊，只好伸直腰幹，挺起胸膛，把駁壳槍舉得高，一路打，一路衝，一路喊：『跟上來呀！團長上前了，跟上來呀！』」說時他的手舉得高高地，他的身子已經離開了地圖，脚也一步步地向前走去，他回轉頭來，兩隻眼睛光閃閃地望着我們，好像我們都是他的士兵，而且要我們立刻跟上去一樣，我看見他這副神氣，忽然想起陳烟橋刻的一幅木刻上的英雄，那正是他衝鋒時候的神情。

九　日本人駭得滿田野亂跑

「好士兵們眞好，通通都跟上來了。」他的臉上現出了滿意的笑容，他說：「我們就是這樣一直衝上去，衝到靠鐵路的北面，恢復了友軍失去的陣地。日本人駭得滿田野裏亂跑，我乘勢往前追去，佔領了靠鐵路的北面，奪獲了日本人的手槍，軍旗，還有一些文件。」他說時，那位很神氣的王參謀，就指着壁上釘着的那張鮮明的寫滿了祈武運之長存的日本軍旗給我看，他說：「這是尹團長的可寶貴的戰利品。」那張軍旗是我一進來就看見的，這時更詳細的看看那上面寫滿了恭祝勝利的文字，而且還有什麼婦人會和××學校等等的名字。我想世界上最傻的就是婦人們，更蠢的要算這些祈武運長存的日本婦人，她們還在做着迷夢的時候，而她們的男人們已經歸了天堂，不到幾天她們都要流着眼淚湧着鼻涕，哭哀地走到寡婦登記所去掛上芳名。我十分想不通，她們爲什麼這樣蠢？天天祈禱如此的武運之長存！

40

十　碎片向四面橫飛亂濺

「我們一直追過了鐵路北面，並且還奪回了敵軍的村莊，我們不敢再追過去。」尹團長的精神完全集中在說他作戰的情形：「這時我也沒有回團部去，我退回到鐵路旁邊來指揮着收拾這個局面，忽然敵人那面開砲了。他的砲彈密密地轟起過來，攻擊的目標，就在這鐵道的南北兩面，好在我知道他放的山砲，我想不要緊，躲避一下吧，我就找了一個掩蔽地點。這樣高一個墳堆。」他的手指得比桌子還高，「炮是從北面打來的，我就伏在墳堆下面的南方。眞是兇極了，一連轟了幾十砲，滿天上通起了黃色的煙霧，空氣中完全充滿了火藥的氣味，我被這氣味冲得咳嗽起來，這時一個砲彈正打中在我前面這個墳堆上，碎片向四面橫飛亂濺，我想糟糕！

41

一定着了，我急忙把手使勁地向前後運動，兩脚向後亂蹬。」說時他的手脚比着那時的姿式，我們聽的人都緊張得睜大了眼睛望着他。「嗄！沒有事，我的手脚很靈便，並沒有受傷，至於我的身上，衣服穿得很厚，更不會有問題。」我的心好像輕鬆了一點。「敵人的砲就這樣地稀疏，而且不放了，這時我正準備回團部去，有個傳令兵從南面村莊上趕上來了。」我想他一定是在這時中了一砲，我急於要聽下去。

十一　一片焦土

尹團長說：「傳令兵說：『報告團長，團長掛了彩了！』我一看血已經沿着手臂流到手上了，他又說：『報告團長，背上，褲子都打爛了！』我拉着褲子一看，褲子上的紐子都撕掉了，臀部打去了一大塊，背上也擦去了一些。一檢查，我中了五處，都是碎片傷的，若不是那一個墳堆，什麼也沒有了，好在那一個墳堆，不過傷了一些皮！」尹團長說得坦白極了，好像沒有那一回事情一樣。我看了他一眼，他那和平的臉上又現一種感嘆的神情，他說「衞生隊把我抬上担架的時候，我看見鐵路南北兩面的村莊，都被敵人的砲火轟成了平地，原有的屋舍，盡成了一片焦土。這時我的眼淚忍不住地落了下來，我知道東戰場的上海是難於再守下去了，但是我又怕士兵們看着我流淚，會誤會我胆怯。我就急忙拿蓋的毡子把臉蓋着！」尹團長說這句話的時候，眞是慷慨之中還帶着有說不盡的餘哀在裏面！

十二　尹團長又上前線了

就是這一天，我們也退出了工作卅六天的外崗。我和尹團長分手時，我知道他當天夜裏又要上火線去。他對我說：「總之在一天我就要爲國家出力，打死了就是我盡了責任。」他老是那樣沉靜的樣子，他對於生死二字，看得像走平坦的草地一樣，任他的脚步踏起過去，這是因爲他的眼光是向着那光明的一方面。在審訊漢奸時，他不願意輕於殺戮，在上戰場時他是那樣地勇敢，這正是他偉大的人格的表現，對於這樣一個堅定果敢的戰士，我只有敬服，能夠有機會認識他，聽着他講說他殺敵的情形和負傷的經過，而且又看見他再上戰場，眞是幸運極了。

44

告別上海

長江

上海是中國交通最便利的都市，平時在黃浦灘邊，南北火車站龍華飛機場以及公路站上，每天不知有若干千萬人來往，在旅行者本身和上海的住民，對於這千千萬萬出入於上海的過客，只是一種平凡的感覺，只不過覺得有些人來到上海，又有些人離開上海而已。

「八一三」抗戰爆發，上海對內地交通情形立刻改變，京滬鐵路之上海蘇州段不通了，如果要走鐵路的話，只能從滬西或者南市上滬杭鐵路，至嘉興轉蘇嘉路，至蘇州始仍入京滬正軌。上海和內地最主要的水路交通是揚子江一線，「江陰封鎖」又使這一線完全斷絕，不通上海蘇州河經蘇州通鎮江的內河水道，仍保留多少運輸價值，而京滬公路交通之繼續，若干重要人事的來往，仍給予上海以某種程度的慰安。日本飛機曾經不斷的轟炸我們的火車汽車和蘇州河上的船隻，並曾炸傷了松江附近的鐵橋，造成了相當數目的傷亡和交通工具的損害，但是我們艱苦的交通仍然繼續着。

大場失守，接着是十月二十六日閘北的撤兵，蘇州河南岸成了第一線，內河公路和鐵路交通，都受到極大的影響，在這一線上往來的人們，漸漸被人們看作珍奇了。十一月八日夜間蘇州河南岸陣線因敵軍在杭州灣北岸之登陸，松江之告急，而不得不向西撤退。敵軍進佔了滬西，進圖南市浦東，於是上海至內地之舊有交通線，至此完全斷絕。上海漸由「半島」之形勢，轉化而成「孤島」！這時最近的交通線，是北經江北之南通，轉內河或公路以至鎭江，南經甯波杭州以入京贛。但是上海南通間的長江水道，和上海甯波間的海道，皆在日本海軍絕對控制之中，於是通過這一段相當成問題！

然而時局一天一天的緊迫，敵人飛機成隊的在南市浦東投彈，甚於繞過租界的上空，英法軍的高射砲已經對於越入租界上空的敵機，不斷發空彈警告，焚燒的煙火，繼閘北荒涼之後，而瀰蔓於租界的東南西三面。無論如何痲木的享樂階級，也不得不暫時停止糜爛的呼吸，而關懷着租界週圍的戰爭了。

因爲中國軍隊的撤退，大家都預料到日本一定對於租界內的活動，將取干涉的態度，特別是在公共租界，恐怕還要要求行政權的更大參予，對於租界內之抗日言論，勢將要求取締，而對於一般抗日領袖分子，恐將用種種方法加以危害。果然事實慢慢的來了，公共租界已經正式令租界內各種報章雜誌舉行「登記」，並令各種救亡團體停止積極活動，且對一部救亡團體加以搜查。據傳聞日方尚要求租界當局逮捕四百名以上之所謂「抗日份子」，及壓迫租界中抗日言論的流行。十一月八日晚蘇州河撤兵之後，日本已經在法租界中心的霞飛路和公共租界的南京路大量出現。許多人從外僑方面所得消息，租界當局對於日軍之强力要求，並沒有有效的拒絕辦法。於是大家的情緒，一天比一天緊張。

本來上海是無永久防禦工事的地帶，在日本海陸空的主力威脅下面，我們當然無死守的可能，而且從軍事的觀點上說，更無死守上海的必要。照我們以蘇嘉路爲軸心的國防工事說，上海本不在陣線之內，上海的失陷本不値得大驚小怪的事體，然而許多迷戀上海物質享受和缺乏遠見的人們卻把上海的退失認爲是意外，認爲是極重要的失敗，而感到悲觀與張皇。

「到內地去！」這本來是從上海的地位考慮中日戰爭時起碼應想到的事情，然而過去政府和民衆還未曾澈底的把苟安心理肅清，未曾切切實實的把上海的地位看透，未曾將應該移往內地的物質和人才早日安排。對上海有切身利害關係的人，對於「八一三」以後的戰事，還抱着多少瓦全的幻想。到了上海已成孤島的時候，始感到不到內地別無他法。然而交通又太不容易了。

十一月九日以後的上海，對任何方面的交通，「中國人」的交通工具全部不能使用，只有外國輪船才有通過日本海軍封鎖線的特權。無論走南通，甯波，青島或者香港，都成了外商輪船獨佔的航線。

蘇州河的撤退，無論如何苟安的人也覺得不行了，於是乎大家都想走，而怡和太古兩個公司的船又只有那幾隻，每天還不能平均有一趟船走，粥少僧多，於是乎擁擠，船票預買到一個星期以上，輪船公司更乘機抬高船價，上海到南通本來是三元的房艙，現在是實價八元，而八角的統艙票，經過買辦和小賣票所的操縱，有的是出了六元五角的代價。

十一月十日傳來消息，從甯波進上海的英國商輪，在吳淞口被日軍檢查了十三小時之久，於是我們十一日離滬的人們，就存了戒心，一切名片文件都不敢隨身攜帶，並且準備好了避免日軍注意的方法，和萬一應付日軍盤問的語句。

太古輪船公司是那樣毫無情面的對待旅客，武穴輪是十一日清晨七時開船，而十日夜間還不允許客人上船，然而誰也知道船少人多，要不早一點打主意，就有落後的危險，所以二三千的難民，男男女女老老幼幼在十日夜間已經黑黯黯的擁滿了太古碼頭，露宿待旦。半夜的黃浦江邊，車輛和行人，因爲租界戒嚴關係，稀疏了活動，黃浦江水面，沒有船隻來往的破水聲，在馬路洋樓工廠輪船的電燈輝煌中，只聽到敵艦在附近攻擊浦東和南市的「破破破…… ……」響亮機關槍聲！

天微明了，這三千左右的難民在碼頭上微微蠕動起來，但是碼頭鐵門仍舊緊緊的關着，只有外國人才有進去的優先權，白俄「將軍」們耀武揚威的在囤船上踱來踱去，日本轟炸機也面目猙獰地出現我們的上空，大家望眼欲穿的看着船上，覺得他們實在已萬分無再留阻旅客的理由。一夜露宿的熬煎，表示在旅客們蒼白的面上。好容易鐵門開了，幾位高大的白俄巡捕却首先衝了進來，大家還沒有任何的動作，他們劈頭就對我們這般旅客無原無故的亂打，人與人間擁得一絲空隙沒有，他們的鞭子打來，誰也無法躲避，普遍的憤怒燃成了大家目光上的火燄，然而在那時的環境下，又無法加以報復。他們這種殘暴的行動，或者是對他們的老板表示「維持秩序」的能力，可是這些無情的鞭子却大大的教訓了中國人民：靠帝國主義吃飯的傢伙，不會有好東西！

好不容易買到一張統艙票，更好不容易擁進了統艙，二三千旅客從兩個貨艙門口擠了進來，眞是所謂「前仆後繼」，前面進門還沒有站穩，後面已經闖進了，不到半點鐘，寬大的貨艙已經擠得水洩不通，而後面尚不斷的「挺進」，演成人叢中掙扎的現象，這時苦力階級的朋友佔了便宜，他們雙手幾格，雙脚幾登，很迅速的能找到適當的位置，我看見一對青年摩登夫婦，却因在人叢中一籌莫展，幾度掙扎之後，紳士丈夫的眼睛已經凹入，而少婦的面孔變爲慘白了。在這樣大時代裏面，整個的是「力」的時代，我們要有眞眞實實的力量，才能戰勝强橫的日本，同時每一個人也要有力量，才配參加到抗戰的隊伍中。體力正是我們所需要的重要力量之一。

舟過黃浦江，日本軍艦正猛烈的向我們浦東開砲，敵機正趾高氣揚地忽上忽下在投炸彈，沉重的炸彈聲把旅客們的眉毛深鎖起來了，有些年青人走到船邊探看，回過頭來只是憤怒的微聲嘆息。

黃浦江裏這時正到了好幾艘日本運輸船，滿裝着補充的軍火和增援的敵軍，浦西各碼頭上，日本的軍用材料多如山積。特別是我們標榜建設的虬江碼頭，給敵人運輸上以最大的便利。

江灣吳淞一帶的建築，沒有不被敵人的砲火打得百孔千瘡，特別是吳淞鎮已成瓦礫一片。敵人的汽車和人馬在我們戰士的血染過的黃浦江邊奔忙往復，頹垣敗壁間或可以看出敵人臨時的兵營，一部份的敵軍正在江邊草地休息，他們或者正在想：以中國軍隊作戰之神勇，如果把粉飾太平那些物質力量，改成幾個近代要塞，日本欲這樣順利地達到大舉登陸目的，恐不能不費重大的代價。

僥倖沒有查船，我們安然繞過砲台灣。到南通的江流上，大概二英里布置一隻敵國軍艦，是的，他們正在對中國作嚴密的封鎖，然而中國人還在另幾方面想新的辦法。

船入揚子江，寬大的江面和疏落的敵影，讓大家的情緒暫時回復平靜。上海巍峨的洋樓，骯髒汙濁的租界社會，現在一件件在我們意識中淡化了。足踏上南通天生港，才算是到了我們中國軍隊保護的中國領土，我們此時面向着日本，後面才眞正是我們後方。

（十一月十八日南京下關）

繞行江北

長江

大概是十小時的航行，船到南通天生港，天生港碼頭離南通城還有大約十里路程，從前南通張季直先生曾經想開闢天生港來代替黃浦江，用南通來代替租界根據的上海，準備讓外洋和內河的輪船都以此爲轉換點，他這種志願因爲種種原因，沒有實現，他死之後，後繼無人，南通唐家閘一帶他所手創的工業，已經日趨於凋零了。

十一月十一日晚到天生港的三千難民之中，有一半是婦孺，幾隻駁船把這羣難民如罐頭鳳尾魚式的一團一團的裝到岸上，頓時間幾里路長的江岸，都擁滿了難民，小小的天生港碼頭，旅店設備，無法供給如許多人的需要，弱者在鬥力量的場合，是一定失敗的，因此婦孺們對於爭尋宿處的鬥爭中，不及男子來得有辦法了。檢查旅客的軍警，對於這樣突然來得太多的難民，也不勝其檢查，只好大致不差的讓他們通過了。

天生港是揚子江內河港口，牠的對面江心就停有日本軍艦，我們在夜間通過，威脅較少，但是我却懷疑，不久的將來敵人恐怕要對於這條交通路加以破壞，破壞的方法很簡單，只要軍艦開幾砲，飛機來炸幾下，就不能作爲安全交通路了。隔了兩天我們得到消息，果然日本對於天生港開砲了，所以我們國家自己軍事力量不能絕對控制的交通路，希望偷偷摸摸的維持一種重要的交通，那是不可能的幻想。

南通到底有一些土著工業的基礎和張季直先生苦鬥風格的遺留，一般的民衆多半穿着土布衣服，而且總保持相當的清潔。晨間在郊區附近看到

56

許多推運土布的小獨輪車，鄉間農夫農婦也是健壯模樣，絕不是上海租界上惡濁腐敗那樣討厭。

南通這一縣，差不多有二百輛的營業小汽車，其富庶當非普通縣份所能比擬，但是他們營業方式，還是家庭手工業式的。某家人有一輛汽車，車主和司機普通就是同一個人，就是自己的車自己駕駛。如果某一家有了兩輛以上的汽車，駕車的總以那一家的父子兄弟等任之，萬一家中無適當的人物，才雇用家外的技工。這約二百輛汽車，以一家一車者佔主要的成分。因爲自己使用自己所有的生產工具，所以每一輛車的保護都非常週到，機器普遍的都非常完好，所以外表已經很破舊的汽車，走起來仍然非常有力。不過，這種汽車之大量徵調與使用，有如藏族騎兵之集合，各人顧惜其車馬，集團使用的力量，比較缺乏。

十二日天雨，我們仍雇車而行，蓋不敢担保日艦何日攻南通也●行十餘里過唐家閘，工廠商店已成小埠，河中帆船積泊數里之長，設在晴天，當有一番熱鬧。河邊碼頭候船之行李，積壓成小山，雨水不斷侵蝕，損害當在不輕，敵人在中國之不斷壓迫，使中國受難區域日漸擴張，今後苦痛，當較今日尤甚。欲求和平安樂之到來，只有在戰勝日本之後了。

南通至鎮江，有水陸兩途，水路從內河可到口岸鎮，陸路經靖江泰興亦可到口岸，或再由此至揚州。口岸至鎮江可乘江輪。由鎮江可通內地。

爲了圖快，我們乘汽車，大雨滂沱中走上新修的泥土汽車路，最初還好，雨水還未浸透泥地，走過四五十里之後，泥路路面漸漸鬆了，車行鬆軟泥上，困難萬分。在一個叫石莊的鎮市，有六七輛的汽車夫要脅客人不願走了，我們汽車一到，他們就灌輸我們的車夫以恐怖空氣，說是前面路

58

太壞，已經翻了好幾輛車，他們大家都開回來了。車夫乘勢向我們說項，要和他們同休息，然而我們看前去的路上根本沒有車輪印，當然他們沒有去過，於是强令車夫再走，車夫爲顧惜自己車輛起見，反抗相當激烈。

這時另外一輛行李車上一位十七歲的青年司機，引起了我們的注意，他開車迅速巧妙而勇猛，最難得的是他超乎一般車夫的市儈流俗習慣，他對那不願走的車夫說：「遲早總得走的，不如早早走完這一趟。」石莊以後的路比以前更壞，陷車的事情，已成爲普遍的現象。這位姓施的青年車夫始終是一副笑容，集精會神的操縱他那部汽車，使之安然過險，無論如何難走的地方，他總是笑着說：「有辦法！」往往在我們的汽車死板板的陷入了泥地之後，他突如異軍突起一樣，開快車從我們旁邊掠過。在我們車子出毛病的時候，他一定很快的來幫助修理，而且他往往是選擇最艱苦的工作。有一次我們的車子壞了輪子，地下全是半尺深的泥水，他太熱心去工作，因爲地下太滑，他不小心把支持汽車的「千斤」弄倒了。他們報他一陣惡罵，然而可愛的是他仍然繼續熱心幫忙，一點也沒有生氣。在如此泥濘的路上，我們單純坐車的客人，已經弄得泥汚滿身，而他在車上車下如此頻繁的工作，却仍保持他淸潔美好的可能的程度。他這種優良的性格和生活態度，很快的使我們待他如親密的朋友，在他的意識中沒有突不過的困難，永久是生活在希望和勝利中，他並且告訴我們，他志願有機會當飛行師和坦克車駕駛員，以便在抗日戰場上爲國家效力。

我們有時在經過一段太壞的道路後，沒有看見施來，總躭心他只是十七歲沒有長途開車經驗的青年。等他到來之後，總是笑着說他如何闖過艱難的有趣經歷。

南通到靖江的公路，是稀有的壞路，十二日午后差不多六十里路的行程，汽車全是由幾十個臨時雇用的民夫推着走，汽車在爛泥路上前後左右被人擁着行進，一方面機器開足馬力，一方面車裏的人也同時幫着呼吼，一段一段的壞路過去，推車的民夫全被汚爛的泥水撒滿了全身。爲了微薄的代價，在淒風苦雨中不顧寒冷的掙扎。靖江和江陰隔大江相對，江中卽爲江陰炮台，附近卽爲我們封鎖線所在地方，我們對於戰爭之可能失敗，當有預計，在大江封鎖，江南鐵路公路和內河都告切斷的情況下，江北公路能如此糟糕，不能不說是預謀之有未到。

南靖路全長一百五十里，平時爲二時半的汽車行程，我們跑了一天，還說「尚有四十里！」路上遇到壞了的汽車不少，我們不願在夜間滑路上去冒無把握的危險，兩輛汽車就停宿在一所不知名的鄉村間。

穿過兩重濕滑的場地，走進久於行軍的同伴所尋定的住所。這是一所小康地主之家，在豬圈隔壁是一所私塾，學生們正回了家，塾師和姓施的東家非常熱誠的招待我們。後來我們同那位先生談起了上海的抗日戰爭，問他知道有甚麼消息，他的答覆是：「鄉下人，勿大清楚！」他又說他們平日看上海報的機會都沒有，所以知道外面的事情很少。這位鄉村知識泰斗已經如此，那麼在他影響下的這一鄉村，其知識水準之如何，已可想像了！但是，這裏正是隔戰線很近，而且是平日教育很發達的江蘇省！這個村莊的南面三四里就是大江，敵人攻擊江陰炮台的砲聲，他們全都聽過，然而到了上海已失的現在，似乎在行動上和精神上，他們都沒有半點的「動員！」

行李衣服都濕透了，然而我們仍有過夜的辦法。十三日晨接近靖江城的途中，農民們正在軍隊指導之下作防禦工事，這當然是因上海的失守而加緊準備的。靖江爲江陰封鎖線之左翼，要鞏固江陰封鎖線，不能不嚴防敵人在南通的登岸。

靖江南面八公里是八圩港，渡大江即江陰城北門，東面即見江陰砲台屹立江心，這是我們揚子江防上第一重鎖鑰，敵艦不能直衝南京，完全是它的支持。東望山中將士，竊願他們永遠勝利與光榮。

靖江以後的公路，路基比較尙頗完好，路面有一段已舖石面，過泰興一直到口岸都是平直的公路。口岸到江邊還有三里，另有市鎭曰龍窩口，爲江北內河與江航重要聯絡碼頭，大江出口航運，即以此爲轉口。

（十一月十六日南京下關輪中）

感慨過金陵

長江

鎮江登岸，想在南京看看再走漢口。鎮江朋友們滿腹憂鬱地談論着時事問題，對於上海前線的撤退，得到不安與恐怖的印象。他們單純地看到各方面的軍隊一批一批的上去，傷兵們一車一車的下來，十四日那天客車已不能再通蘇州，只能在常州止步。前方和接近前方的後方，見不到軍隊以外的政治動員工作，軍事的眞象民衆不能知道，而官方消息又是那樣一貫的沒有變更，這樣大家不但不相信報紙，而且總想像有多少可怕現象。這種浮動的心理，最容易讓謠言產生和傳播，謠言的內容通常是超過多少事實的實際程度。

64

抗戰已經三月以上，我很想此時來看看抗戰中樞首腦部的氣象，我想像中一定是嚴肅熱烈與緊張，因爲這裏是全國抗戰機構的發電所，這裏應該是充溢着熱力，讓在城外經過的敵人們也要感到這是一所神聖莊嚴壯氣橫溢的城堡。因爲現在南京是中華民族五千年歷史斷續存亡之所繫，我們這一代四萬萬五千萬同胞和子子孫孫是否作奴隸牛馬，都要靠南京的領導來決定。

在時間限度之內，儘可能在南京看些前輩和朋友，出乎意料之外的是不少人爲「蘇州失守」的傳說所遑惑，對於東戰場的移動，除歎息惋惜於我艱難萬狀的抗戰軍隊外，只有搖首悲觀，了無活氣。

在南京官場裏尤其不應該有這種失敗恐懼的感覺，政府人員應該比一般民衆更了解這次戰爭的形勢和牠的性質，初期失敗是不能免，亦不足奇的，如果政府官吏還妄想着中日東戰場的戰爭會在蘇州上海間解決，而對於南京存着永久安樂窩的幻想，那就是不懂得中日戰爭的性質，不配作抗戰政府的組成員，免得因爲自己的無知與慌張，影響了我們最高統帥的安定和動搖了社會的人心。

緊接着來的事實，是南京各重要機關都向內地遷移。「遷都！」的嚴重事實壓在每一個人的心上。「林主席走了！」「……遷重慶！」「……遷長沙！」「……遷武漢！」「某部長說：南京在一週以外就成問題！」「限各機關×日內遷出南京！」「東線軍事不好！」……這些或眞或假的消息，騷動了南京的官場。彼此見面只問「什麼時候走」和「如何走法」，有的是江輪，有的是浦口搭火車，高等的到蕪湖坐飛機，有私人汽車的，就奔江西跑長沙。

66

頓時南京的交通工具大忙而特忙起來，汽車租用一空，公家汽車和私人汽車一齊在街上緊張的跑着，馬車從鼓樓到下關，漲價到五元，人力車跑得來沒有休息機會，疲勞的身體對於很好的買賣，也搖頭不願接受了。

似乎敵人軍隊明天就要到南京，許多重要官吏先行「輕裝就道」，吩咐些下級職員收拾公物，設法運往指定地點。每一個機關地倉卒裝箱和運輸，集南京如許多文武機關，同時動作，於是整個南京盡成了「搬家」世界，車水馬龍的拚命向下關碼頭和江南車站集中。一般民衆莫名其中究竟，看到這種嚴重現象，聽到些加甚其詞的謠傳，於是更亟亟不可終日，也不自主的逃奔，車票船票早已買不到，於是擠到車站碼頭再說，集結下關的逃難官民，爲了等搶登太古公司長沙輪，冒着大雨預先乘無頂鐵駁到江中專候終日者不下一千餘人！實際蘇常一帶難民已在鎭江將少數交通船舶擠備，過京能容旅客，已經有限。岸上候船者不計，甚至有江中露立候船至次日未能成行者。

我們主張對日抗戰的人們，當然應該預料到有「遷都」的節目，「預料的遷都」不是失敗，正如我們最高統帥對上海撤兵的談話：「不是戰爭的終了，而是戰爭的開始。」戰爭展開在蘇嘉線上，是東戰場第二期戰爭的開始，雙方使用之兵力，戰場面積和作戰方法，都進入新階段，這時把南京「首都」的外衣脫去，使它以森嚴的軍事堡壘資格而出現，這是完全正確的。這一節目的排開，是明白告訴日本軍閥，從蘇嘉路到南京，全是軍事堡壘區，準備幾十萬人來衝吧，我們憑藉南京四週的堡壘，準可以給日本來一次大會戰，縱然日本打下了南京，也只是我們一個戰場的得失，不是戰爭的終了，而是另一期戰爭的開場。所以遷都是保證長期抗戰的便利，而不就是失敗。

可嘆的是若干政府官員，不了解遷都的正確意義，不了解最高統帥的決心，而認爲是「逃亡」，喪失了甯靜，喪失了理智，弄成動搖人心，遺笑外人的現象。

下關各碼頭堆着千千萬萬的箱籠，沒有秩序，沒有區分，沒有適當的管理，這一部，那一署，通通擠在江岸上。公物固然有些，而其中最大部份，都是官吏私人的家具和行李，成包的箱櫃不用說大小悉搬，似乎還顧慮內地物質缺乏，銅床沙發亦在急運之例，許多人同聲太息的是，各碼頭都有不少的桌椅澡盆梳妝台，天上不斷的下雨，如山的什物都在露浴之中，保護得最好的是私人行李，而公物則聽牠們自己的造化。

所謂正確的遷都，是將領導抗戰的中央政府向後方遷移。應遷的內容，主要的應該是：（一）物質。與技術職工有支持全國性的物質儲藏，及重要的製造機器，及技術員工，此類物品應在政府决心遷移之時，先期秘密的運出南京，不動聲色。（二）圖册。行政機關特别是財政經濟外交機關工作上必須之圖書典册，當順次從容運出。（三）第三步始在有秩序有計劃的交通布置中，將各機關人員分批運往指定地方。

因爲我們今天抗戰最缺乏的條件是物質，許多重要軍用品和製造軍用品機器，都是來自外國，海路被封鎖後，補充更爲艱難。我們英勇的將士，必須憑藉相當物質基礎，始能打勝敵人，完全信賴血肉以求勝利，那是不可能的。所以那怕是一顆釘，一個彈殼，都是我們爭取抗戰勝利最重要的工具，我們要好好保持，把牠轉變爲殲滅敵人的力量。我們現在只有抗戰是高於一切，勝利高於一切。唯有抗戰始能免於作日本軍閥的奴隸牛馬，而又唯有抗戰到達勝利之後始能保持我們的自由與康樂。因此對於抗戰有關的物質，我們應該看成自己的生命的一部份。假若抗戰失敗了，我們的沙發銅床搬到拉薩也安穩不了！

偌大一個遷都大事，就是交通工具的管理上，也該有點秩序，有點辦法，以供國民的範示。某天走某機關，大致有多少人多少物件，應該分配多少噸數的船，指定他在什麼時間什麼碼頭上船，把所有可用的船隻和可用的碼頭通盤籌劃一下。對於每一個應搬走的機關，事先和他的負責人接洽好，並不要他們事先都亂七八糟的堆到下關來，要到船都預備好了，然後在指定時間到指定地點，很迅速的把人物運到，即刻上船，上好就走。如此既不紛亂，船舶使用也可以經濟。然而今天他們不管有船無船，不管船大船小，首先把東西運到江邊，往往兩三天沒有走了的很多。敵人對於我們遷都的消息，毫無問題的老早知道，設若不是這幾天大雨，敵人很可能來幾次空襲，試問碼頭上集中如許多的東西，如何得了？

船舶管理所把大小輪船扣了大批，商運完全停止，普通人民要走，只有搭外國船，而差船的分配並不能迅速而確定，各機關彼此還相互爭執，又看機關主官力量的大小。命令也不統一。我們搭一隻開漢口的商船，最初說不打差，後來說下部打差，上半部搭客。許多客人已經上船，又來了四個機關的代表爭船不相下，最後還是維持半部打差的原義。正要上公物行李等，一會又被這個機關趕走到那個碼頭，一會又被那個機關趕得不能靠岸，我們逼得在江中無依無靠的停泊了半天。東躭誤，西躭誤，共躭誤了三天才能動身。如果是有效的管理與支配，這隻船動身的時候，應該是在到了漢口再返南京的途中了。

許多人民受了這次遷都的刺激，一部份青年官吏對於這種敗北主義的表現，都引起了絕大的不安，他們懷疑抗戰是否還有前途，他們恐懼中華民族是否還可以復興。這全然是過慮的。這是政府的輿論動員不夠，機械的新聞束縛政策，把報上只留了些毫無內容的刻板新聞，大家每天都搶着看報，但是誰看了報也不肯相信，南京這樣大的搬家事實，報上一個字不提，以爲這樣就瞞過了民衆，免得動搖了人心，這無異偷銅鈴恐怕被人聽見而自己堵塞了耳腔，這種作法只有加强人民的恐慌，强化社會的不安。正當的辦法，此時的新聞政策應當公開儘量討論遷都問題，而且儘量說明戰局的發展和敵我的形勢，尤其要說明遷都的意義不是敗退，而是安全的策動抗戰的步驟。就是要在輿論上說服人民，並且指導人民以應付新事變的態度和方法，這樣人心自可穩定，後方人心穩定，始可堅定前線的軍心，南京安全的地方已經如此慌張，那前線數十萬的將士，不知將如何過活了。

上述不合理的事實，不足以說明抗戰前途的悲觀，不足以說明最高統帥的抗戰決心不夠，更不足以說明中華民族將不會有輝煌的前途，這只是若干官吏表現了腐敗與無能。爲了抗戰，爲了保障我們自己和子子孫孫不作奴隸牛馬，我們要求刷新政治機構，要求輿論有批評政治腐敗部份的自由，我們要後方的政治機構，能如前線將士一樣，發出强大的支持抗戰的力量。

江行雜感

長江

一 洋管事

船快到南通天生港，太古公司船上的「管事」和旅客們談話，旅客們問他南通，天生港下船後的交通情形，他以不圓滿的神氣陳述南通口岸間交通狀況，因爲那一段完全是中國人經營的交通路線，對於英商太古公司的利益，當然不會十分無抵觸的。末後他又興奮地打着上海腔，內中夾一兩句英語，他說：「口岸就有了我們的——當然這個『我們』是指太古公司——船了。『我們』現正在調動小火船，打算把口岸和天生港的內河航路，也由『我們』來行駛。以後搭『我們』公司的客人，就方便得多了。」

也是這位管事，在船上正開午膳的時候，他在大餐室正忙於伺候外國上賓。住在大餐間的朋友陳國光先生却放棄了他在大餐室進餐的權利，而一定要陪我這統艙客到官艙裏去買飯吃。因爲時間上還有等待，我們在他的房間裏按電鈴叫茶房拿開水來，誰知來的是那位管事，新裝上一付盛意凌人的面孔。這可奇怪了，我們正想不出這個奇事的原故，管事先生開尊口了：「外國人——他說這三字又重又輕，重是表示他對於『外國人』的尊崇，輕是恐怕說話被『外國人』聽見——正在吃飯，你們按什麼鈴！要是外國人知道了，他又要懷疑在大餐間用膳客人外我還私賣了票位。」他知道我們是要開水，趕緊和我們解決以後，又匆匆去換上另一付奴顏婢笑去伺候外國人。

生活是人類活動的中心。人的意識根據這個來決定。這位管事，他生活在外國輪船公司裏，而且有着較好的地位，較好的生活，眼看着還有較好的前途，他不自覺地忘記了他所屬的國家和民族。改造意識，只有從改造生活環境下手，才是最有效的辦法。

二 官僚行徑

下關中國旅行社的大門上，白粉筆寫着：「某日某日某日船票已經賣光，欲乘某輪者，請自己在某碼頭等候」所謂「自己……等候」的意義是票沒法可想，你如果能擠上，那看自己的造化。旅行社是被人相信在交通上總有辦法的，大門儘管不關，比較有地位的逃難者會從後門走進旅行社來，要求裏面的辦事員想法。他們被逼不過，只好想出一個不負責任的辦法：船位是沒有，如果客人一定要票，只好無限制的賣，但是聲明兩點

：（一）有票不一定有船，更談不上固定的艙位。（二）走不了可以不打折扣地退票，於是若干官員們你買十五張我買二十張，頓時間賣出去了幾百張票。有一位大約平日用慣了「密談」的方法，他輕語要給那位賣票員以某種好處，而以安慰他「太忙」為口實。誰知那位青年賣票員在百忙中很簡單地答覆他：「忙是我們的本份！」於是他要賣票員「不找零頭」，送他「喝茶」，他却堅持要「了清手續」。最後他拉着賣票員的衣袖，要他到旁邊「說個話」，而他頭都不抬地說：「我太忙，要說話把這些事完了再說」。似乎這位「厚情厚意」的老經驗家急了，他聲音提高了來「我有事，一會就走了……；」對方的回聲是仍然自尊地平淡：「好的，說不定我們不久也要到漢口。」

三　離奇消息

在民生公司負責人方面，知道了官方同意民俗輪可以賣票，於是我們一些旅客買票上船，當天已經看到幾次變化，有時說官方要封，有時又說可以放行，茶房看形勢不對，已經把舖開的臥具收回去了。看看已經不行，晚間公司方面又來喜訊，說民俗半截搭客的辦法，仍然交涉成功，我們於是開始重新舖開就寢。

次晨大概四時光景，我爲船上紛亂的脚步聲和談話聲驚醒；原來是民生公司南京負責的兩位經理上船通知客人們重大消息，說是差船管理的當局通知他們，民俗輪仍要封差，只是不是開往旁的地方，而是爲某部長要在大江中辦公之用，並且限令客人們於晨七時前卽刻下船，七時某部長卽要駕到。這是值得重大思維的消息，已三番五次週折而得了一半自由的船隻，在這深更漏夜突然說某部長要在這船上江中辦公，豈不是天明後南京軍情有什麼重大變化嗎？當然戰時軍事高於一切，我們只好起身準備下船。而且考慮到如果是敵機大舉轟炸南京，我們就跑到遠離碼頭的空野地上敬候我們的命運。

幸而來了一隻民憲輪，差輪管理員也過意不去把我們這些如羔羊式的客人再閧上岸去，經公司經理提出以民憲替民俗的辦法，幾經往復，我們才又被放過。

四　無理羈留

民俗輪好容易從下關開動了。四小時的夜航，二十一日晨間三時到達蕪湖。因爲預定要裝某機關的公物，裝好再繼續西開。但是到蕪湖查問，貨並沒有到，據負責人說是二十日夜間從南京用火車運蕪則無論如何二十一日晨可到，因爲京蕪間只有三小時的車程也。然而東等無消息，西等無消息，改裝他項重要公物，亦遭堅決拒絕，一直停了二十五小時，在全船憤怒之後，多方說項，仍不能得押船人員之許可，他一切都要等候南京主管機關的命令。貨既未到，而天氣已晴，在久苦陰雨之敵機，定在京蕪一帶碼頭車站大肆活動，我們無端停在蕪湖碼頭上，不是把已裝公物和如許多的客人，一齊放在不必要的危險線上嗎？幸船中有黃膺白夫人在，她不願受政府差船上免票的待遇，而自己購票乘民俗，她本於旅客本身的權利，仗義主持，民俗輪始得開出。開出不久，船中無線電即接南京空襲警報，接着來的消息是：「敵機二十二架襲南京！」全船客人無不同聲感謝黃夫人。

五　縱談

船上餐室是大家的俱樂部。

左舜生先生本來是國家主義派的巨頭，而他籍隸湖南，因此過去和毛澤東林祖涵徐特立諸人都有相當的來往和交情，他說毛澤東之爲人，生活刻苦嚴正，相當受中國理學影響，他的岳丈楊昌濟的英國「紳士風格」，因他是楊的得意門生，所以亦不無影響，毛在長沙時不相信「洞庭湖八百里」這一句，他想實驗洞庭湖究竟有無八百里，他因此穿了湖南木屐，繞着湖走了一圈！

話又轉來問李景漢先生，因爲他同定縣平敎會有關係，因此就問起他關於晏陽初先生最近所鼓吹的「農民抗戰運動」來。目前中國表現着民衆運動的有兩種方式：一種是政府的保甲運動，一種是共產黨所提出以改善人民生活爲基點的民衆運動。前者是由上而下的，命令式的，後者比較是自下而上，注重人民的自發性，前者是義務單純的增加，後者是權利義務比例的發展。王又庸先生在楊永泰，熊天一諸氏所主持的剿匪保甲運動中，實施上有不少的經驗，他認爲那種保甲運動只是行政機構的延長，爲便利政府更切實地指揮民衆，這裏無民衆利益可言，而且組織上只有縱的系統，沒有橫的聯絡，這只可以叫做「馬尾式的平列」，談不上「機構」，談不上「組織」。李先生對於名詞上參加了深刻的意見。因此一般說來，晏先生的農民抗戰運動，恐怕是仍比較多含戰時農民抗戰教育運動的成份。

六　李杜時代

因爲杜重遠先生從蕪湖上船，住在李景漢先生原來的舖位，左舜生先生說是：「走了李白，來了杜甫」大家於是從李杜兩大詩人的時代背景，想到今天的情況。生死存亡所繫的抗日戰爭演變到今天這樣重大的局面，而政府官吏及地方政治之表現，又如此難令人滿意，田漢先生最近從上海到南京看到遷都景象，慨然嘆息：「如何肉食錦衣者，競向江干買客舟！」南京淩亂的時候，許多痛心國事的人都慨然念着，「金陵王氣暗然收」之句，田漢有一天在某靑年軍人處會着，他知道南京雖然如此令人不快，實際上仍在某幾方面有多少進步，國家大局並不因這一般「肉食錦衣者」之可憐的行徑而絕望，於是他的詩上又表現着：「國事原來倘可爲」……

…「金陵王氣未全收」了。

似乎李景漢先生感傷得最深，他在河北平原工作之時間很長，然而北平丟了，後來他到綏遠山西，順次看着綏遠大同太原之失陷！他離太原南下之時，眼看着增援軍隊以及傷兵沒有車運，而南下火車一列一列的盡是軍官和大吏們的家眷行李傢俱，甚至於頂不值錢的木器雜物，亦堂而皇之地裝在車上！這回他到南京不幾天，又遇到南京這樣的搬家，「走一處，送一處終！」他感到太無味了。

這種大動亂的時代，構成偉大的詩歌戲劇和記述的題材。我們可以預料，在這一大時代中很可能產生比李杜更爲充實，更爲積極的近代李杜。

七　和不得

南京支那內學院大師歐陽竟無先生，是中國佛學研究上的泰斗，特別在法相宗方面的研究，他有獨到的見地，眞可以算是這方面光芒萬丈的成就，中國名佛學教授湯用彤熊十力這些大師都是他的學生，他也搭民俗去重慶，現在我們江防重鎭的歐陽恪先生，是他的獨子。提起「佛」字，令人想起「出世」之思，誰知這位大師出人意表，民俗經理成質夫請他題字鼓勵船員水手，他却寫了一篇極有抗戰熱情的短文，內中有「黃帝子孫決無下人者」之句。隨後我問他：「聽說有人對於目前戰局主張和的，大師意見如何？」他聽到「和」字，憤怒到非同小可。他本是大頭隆準巨目的大師，此時特別張大了龍眼，挺着高鼻，舉右手直指我的胸膛說：「和？那個說和？和不得的！」歇了歇他又說「中國過去就誤在『和』字上。宋朝亡國就吃虧在『和』字上。如果九一八當時就和日本打仗，東四省就一定不會失掉。現在還有什麽可和！講和就是漢奸！和就要萬刧不復地亡國！」這位老先生六十歲了，想不到這樣有力。他不僅不是感情主義者，對於勝利的途徑，仍有他的研究。他說：「只要繼續打下去，不怕敗，那怕敗到四川廣西，不和，日本就不得了。日本不能令我們屈服，日本又無永遠戰爭的可能，所以終究是我們的勝利！」對於外交與抗戰的關係，他也有正確的見解：「不過，此時我們能有力地靈活地運用外交，早些能在國際上造成對日本的壓力，那嗎我們可以少受些損失，早一點達到我們的勝利。」他爲了加强國人的信心，返復說明「黃帝子孫決無下人者」的諸種理由。中國不會亡，一定可以最後勝利，他看得清淸楚楚。

上海書簡

一

××：

因爲戰線中的一點被突破，爲了避免後路被截斷的原因，我們閘北的士兵起始撤退了。纔聽到了這樣的話，誰也不相信，雖然心中已經想到了那是必然的舉動，嘴裏也在説着我們是絕不會退的，我們是絕不會退的。

自從上海戰事發生以來，閘北的士兵就沫曾後退一步。相反地，他們還幾次衝到北四川路，控制住敵人的陣線。縱然敵人的飛機在那一小方土地把炸彈像雨點似地落下來，實際上的損害仍然是很細微。還幾次聽人説無論日本人怎樣壓迫，閘北終將由我們守住，因爲我們以閘北爲中心，前進和後退，都可以保住閘北。——保住閘北就是保住上海，這個金融、罪惡、商業、恥辱、文化，……的中心。在那方負責指揮的長官，也三番兩次說不必過慮，至少在那一面是可以過年的。

可是終於這個不幸的消息來了，像一個不曾提防的驚雷打在每個人的身上，於是，在每個人的臉上看見了一道陰影。我們不能埋怨他們，他們並不徒然是無用的悲觀者，爲國家的喜懼而喜懼，原是每一個人民的應該的，尤其是我們已經認清了我們的敵人，我們唯一的敵人。

在北邊，大火就燒起來了。而且友人傷心地告訴我說在兩路路局的大廈上，已經飄起了血紅的日旗。那天的天氣極壞，灰沉沉的，濃厚的煙更增重了悲慘的情緒。××，你沒有在這裏，你不曾看見每一個行路人是什麼樣子：像自己丟了什麼，低下頭去，倉卒地走着，誰也不再說什麼。

灰黑的天的那邊，日本飛機還是不斷地盤桓飛翔。

可是像更大的一聲雷，說是有五百個士兵佔據了四行貨棧，準備犧牲他們的生命，和進攻的敵人周旋到底。我們是高興了麼？我們是爲他們的命運而悲悼了麼？當我和B反復地說到了這件事，誰都避免來看對方的臉。我們的話說得很慢，當着沉默的時候，我看見他的一隻手拿出手絹，那一隻手把眼鏡摘下來，………我更不敢抬頭去看，我忍着，忍着，……

晚上，東北邊和西邊都燒着大火，西邊燃燒的是周家橋一帶，東北邊則是閘北一面。那火一直燒，不曾間斷，我們幷不爲那燒燬的財物惋惜，使我們關心的却是那五百個人。

怎麼樣來設想呢？他們有足用的食物麼？他們有足用的子彈麼？而在

那一隅之地，纔只是五百個人，怎麽樣能來抵住大隊的敵人呢？他們只是一支矗立的孤軍，即使他們的力量極微弱，他們的勇敢不屈，視死如歸的精神也將倔强地亘立天地的中間。

過了一天，最後的字也送出來了，一面國旗也送進去了，於是在河的彼岸，在日本旗之中，有一面我們的國旗高高地在微風中飄揚。在國旗的下面，三兩個守衛的兵正站在那裏。

爲了表示崇敬，多少市民都到河的南岸去瞻仰過了。因爲還可以設法輸入，有許多人送去了食用品。在一切絕望之中，這是唯一的閃耀着的火光。我們的整個的心都在想着這火光能照得大，燃燒得兇猛，它會漸漸地成爲一場大火，燒死我們的敵人。

在第三天，我們也去看了。同去的是五個，G．D、K，B和我．K

已經去過了一次，這一次特意陪了我們四個人。那是下午三點鐘，西藏路的北京路北，已經斷絕了行人。我們朝西去，終於站在聚集着的一羣人之中。朝北望過去恰巧一段低矮的房屋，不致遮住我們的視線，就看到那龐大的貨棧。那上面懸了一面大旗，屋頂上還看到幾個微小的人形在移動。

我不知道那時候我的心中有什麼樣的感覺，我就是凝望着，好像是有一點呆了。步槍聲和手溜彈聲都可以聽到，靠東一些還起着機關槍的聲音（到後來纔知道那是因爲日本的汽艇想來經過蘇州河抄襲後路，爲美國駐軍開槍阻止而發的槍聲）。我的眼睛有一些濕潤了，我舉起手來搖着，好像他們也搖着手；可是我還故意顯出我的微笑，我看出來他們是不是也在微笑着。

人很多，後來者也來爭求立足之地，路原就不大寬，車輛的經過動盪着整個的人羣。我想我們該走了，可是站在身邊的D幷不肯移動脚步。我只好還站在那裏，遙遙地表示我們的敬仰。

終於我們還是在投了最後一瞥留戀的眼光之後離去了，向東走了幾步，D和C還想走進鐵絲網去，却爲巡捕阻止了，我們就各自走回自己的住處。

又過了一天的夜間，砲聲好像要把整個的城市震動得翻一個身，把許多睡着的人都驚醒了。那是砲聲最響亮的一個晚上，好像就打在每一家的房頂上，也好像打在每一個人的心上。我知道，這是日本軍人所發的，因爲他們已經說過將用任何的方法來進攻，——爲了使那五百個人撤退，像是他們把整個的上海都毀壞也不吝惜似的。

以後纔知道就是在那洪大的砲聲之中，那五百個人遵守長官的命令撤退了。說是死守原是無謂的犧牲。爲那五百個人，我們原該慶幸，因爲他們是好男兒，他們不該死，他們該把生命化得更有效用一點；可是爲了上海，我的心只有沉下去，沉下去，……

二

××：

浦東和南市都有大火燒起來，黑煙直竄上空，把淸朗的天攪成陰暗的了。不知道是煙還是雲，遮去了陽光，寒風也及時地吹着。

推開窗，就有煙從窗口撲進來，焦敗的氣味使我感到不舒適；可是我並沒有關上窗子，因爲我想到了有多少人正在火焰之旁和生命做最後的掙扎。

繼了閘北的孤軍之後，南市也有一孤軍和敵人做最後的周旋。除開了兵士還有警察和衞團，他們成爲扼守上海的最末的一支軍。我想你還記得南市那個地方的？湫隘的街道，繁密的居民，……可是日本人想不到這些，他們應用大隊的重轟炸機在上空飛翔擲彈，而滬西區的重砲也瘋狂了般地向那裏攻擊。

整個的城市被撼動了，除了武裝的兵士，那邊還有許多平民。老的、小的、男的、女的，擁在接近法租界的民國路上，他們爲强烈的活下去的欲望，等候着一條生路。在早，他們也許捨不得他們的家屋財產，而今知道了死亡就在頭頂盤旋，他們不得不拋棄了一切。他們驚喊呼號，看到每一顆炸彈落下來都起一番騷動，卽使知道不會落在他們身上，那一邊還有他們的家業。有許多女人還是爲炸彈着實嚇了的，她們看見有多少活生生的人在那一聲之中成爲多少零散的血肉肢體，她們呆了，只要再看見一個炸彈下來，便神經質地狂喊，還在人羣中無目的地衝來撞去。

這人羣已經有三十多小時麕集在那裏了。他們什麽都沒有，入晚也不移動，任一夜寒露的侵蝕，他們在等待一條生路……

可是日本人的轟炸更兇猛地進行着，三架一組的轟炸機得意地在空中翻飛，他們投過了炸彈還投下傳單（我想除開日本人誰也不能想出來再愚笨的方法吧？），一顆炸彈會毀壞多少幢構造簡單的房屋呢？而燒夷彈引起來的火不能制止地蔓延着，……………

因爲受了後路攻擊的威脅，浦東方面的守軍也早已奉命撤退了，在不停的試探之後，日本人過了兩天纔上陸，於是在向了南市的黃浦江的東面，日本人安置了砲位，更直接地向南市轟擊………………

到晚上我和B君在路上行走，南面的火光照亮了天，在街路中，也集了不少的難民。他們有的是從浦東來的，有的是從南市來的。他們一定還不曾進飲食，而天又是黑下來了，他們也許更憂心地想到，又要在街頭露宿一晚吧？

人很多，坐在自己小小的箱篋行李上；可是他們沒有怨言。我們緩緩地從他們中間走過來。

昨天我寫得很晚纔停下筆，原想今天早晨寄出，可是到今晨得到南市守軍也撤退的信息，我不得不再加上一段。昨天下午我就聽人說過有一部中國兵走進租界裏來，他們已經沒有其他的路可走，不得不放下隨身的武器，有的竟孩子般地哭起來。可是槍砲聲到此刻仍然響着，尤其是機關槍，像狂了似地叫吼。聽說還有一部勇敢的士兵扼守在南市的江邊，雖然日本人的砲火從四面八方打來，他們毫不爲動，他們也是準備來流最後的一滴血。

××，難道我們眞的就因爲中國軍從上海四郊撤退而傷心麽？不，不，至少我們應該有堅强的信心：日本是不能征服我們的。我們不會停手，這也不是戰爭的結尾。這只是一個開端。想想只是這樣的一個「開端」，敵人已經化去多少人力財力，就可以想到想來征服全中國他們還要加上多少血本，即使他們是一直勝利的話。若是他們不能把我們斬盡殺絕，我想我們總有一天我們也把血塗在他們的國土上！

我還不想離開這裏，我以爲凡是居留在上海的人都不應該離開，我們該等待敵人狼狽的敗退……

上海許久不聽槍砲聲了，人心在沉下去一次之後又堅定了，深深地明瞭在抗戰的過程中這是必經的階段。雖然是沉着，可是走在街上也覺得臉上毫無光采，我們都在等候，等候我們的克復。

中夜偶然聽見幾聲槍，快樂突地襲上心頭，就更安靜諦聽。那只是稀稀疏疏的幾聲，也許就再也聽不見了。但是人們的熱望並不因此冷下去，深信總有那麼一天的。

自從國軍退出上海後，上海的情形變了樣，抗日的標語和小冊子都沒有了，即是報紙也受了工部局的勸告改變態度。有幾家報紙停刊了，那幾家不停刊的也把敵軍的字樣改成日軍。日本人照例是瘋狂般地發出一切要求，而那紳士型的外國當局，都很文雅地接受了。其實我以爲，像租界這畸形的狀態，早該消滅了。我們情願都化成灰燼，再交給敵人。

由於來源的缺乏，菜蔬米糧的價格都飛漲。天又冷下來，站在民國路街頭的難民還有。曾飛了一次雪珠，冬衣也上身了，晚間走回住所，覺得難耐的寒冷，可是路旁簷下，有許多無家可歸的難民。他們蜷縮在那裏，有的蓋了一張薄被，有的只蓋了一面草薦。我記得他們這些在日間多半都只得羞縮地向行人伸出手，說了些不在行的話，請求別人去施與。天却是漸漸地冷下去了，難民的數目也更增加了……

南市總是在燃燒，恐怕不久就什麼都燒光了，就是那四行貨棧，自從我們的五百個人退出以後，也燒了幾次。我想，這是敵人無謂的洩憤的舉動。

這些天我們也在盼望着我們的飛機，可是總也不見來，爲什麼呢？也許因爲戰線的移動便不必來了麼？可是我們所要看的只是寒月下的一點機影，和敵人倉皇的槍砲。這將鼓起我們的興致！因爲終日所看到的，無非

"抗戰中的中國"叢刊之四

東線的撤退

每冊實價國幣二角
外埠酌加寄費

著者 胡蘭畦等

主編者 長江

發行者 生活書店
漢口 上海 廣州 重慶 貴陽
西安 長沙 梧州 成都 昆明

中華民國二十七年三月初版

川軍在前線

長江 胡蘭畦等著

戰時出版社出版

今日出版合作社發行

川軍在前線

全一冊

實價一角

戰時出版社出版

今日出版合作社發行

1938

川軍在前綫

川軍之光

從西戰場打到北戰場

前奏曲——兩下店第一功

不平凡的事蹟

一串辛酸幽默的故事

前綫人民掃道歡迎

軍民合作的新姿態

打出了新的勝利信心

東線血戰達成了任務

1

楊家將見危授命

郭勳祺恰當敵鋒

饒將軍浴血殉國

劉上將精神不死

尾聲——川軍來了百姓快回

2

川軍之光

翻閱中國近百年之歷史，覺興衰之樞紐，恒在地方性的軍隊之手。如太平天國之廣西軍，曾國藩所練之湘軍，李鴻章所練之淮軍，其威力皆彰彰在人耳者。然太平軍革命未成，曾李忠事清帝，均未能臻完善之地位。僅一二八之役，以粵籍較多之十九路軍起而抗日，差足為粵人增光而已。今中日戰事，側重於津浦綫及皖南。證諸新聞紙，津浦有川軍鄧孫兩部，皖南有川軍唐楊兩部，均在最前綫，不但軍紀風紀，為人所稱道。而臨城之扼守，及蕪湖之反攻，皆有聲有色之壯舉。川軍出境，其成績如此，實足令人刮目相看。四川以地理之險，本已成抗日之根據點。使川軍準現在作戰精神，更發揮其威力，亦完成復興民族之大業。則人傑地靈，前無古人矣。英雄造時勢，時勢亦造英雄，願四川將士共勉之！

（水）

1

從西戰場打到北戰場

前奏曲——兩下店第一功

自韓復榘輕輕放棄濟南泰安大汶河兗州幾處河山要塞，在五六天內竟將津浦路綫拋掉三四百里，忠勇的三路軍的下級幹部，只是奉命退却，沒機會和敵人打仗，大家都感覺英雄無用武之地，但是一腔抗戰的熱血，終於在濟寧更換了高級指揮官的命令下，得和敵人相拚。因爲每個士卒都想試試大刀的鋒刃，在本月的十日起，竟和敵人在濟寧城內發生巷戰，十二日將濟寧失而復得，幷將敵人趕出濟寧城三十里外，打破三路軍抗戰戰績的新紀錄。敵方以進攻魯西切斷隴海的企圖不易實現，於是改變戰略迂迴繞道，由津浦綫南攻。本來兗州以南泗水橋被我們破壞了，敵人倉促間將這座鐵橋草草修復，一部騎兵充作前衛，竄到鄒縣南的兩下店。探知再南便交了我們的陣地，敵人不敢再進，鄒縣駐敵及朝鮮兵約一旅團，兩下店駐有四百餘名。自本月初間，韓部退集到魯西之後，津浦路綫竟被其完全讓空。那時接防的川軍，尚未開到徐州以北，僅有桂軍薄薄

2

的某部守防，幾乎門戶大開，敵軍隨時有衝到徐州之危險。因之本埠人心惶惶，社會頃刻間發生了不安的現象。幸有我們沉着勇毅的李司令長官，坐鎮彭門不啻十萬雄兵，在數日之內飛調驍勇善戰的川軍鄧某某部，集中到魯南，塡塞韓部空虛的遺防，危急的局面，得以安定。徐州人心逐漸回復，現以大軍雲集徐北，我們的李長官指揮若定，蘇皖魯一帶南北綫的防務，穩似盤石，固若金湯，今後第二期抗戰序幕的展開，我們抱着極大的興奮期待着捷音的來臨。前綫的川軍於本月十四日，已在津浦綫導演了前奏曲，我們英勇的武士們，初次交鋒便得到意外的勝利。這一段光榮的戰績，我們不可忽視，記者在訪問負傷歸來的壯士口述下追誌於左。當一月十四日晚間八時，我們最前綫的部隊奉命夜襲，兩連担任鐵路正面，兩連擔任左右翼，團長親率兩營作爲應援軍。我們的部隊，飽餐戰飯後，便啣枚疾走，趁三更明月衝破了撲面寒風，悄悄前進。迫夜間十二時到了兩下店，敵軍的陣地，則四百名日鮮兵，多未入睡鄉，有的十數成羣，正在各民房內架柴烤火，或飲酒取樂。我們營長下令，不得輕自發槍，要完成奇襲的任務。每人懷着殺敵的決心，左手持槍，右手持彈（木柄手榴彈），悄悄通過了鐵路，越過了壕塹，便散開隊綫向敵居住的民房內斷斷的分別投擲幾十枚手溜彈。立時出一般的爆炸聲，衝破了夜的沉寂緊張的空氣，嚇得頭敵亡魂喪胆，倉悼應戰，還有些在睡夢中，便將他們的鬼魂送回老家去。我們兩翼部隊，亦經趕上，便成三面的大包圍，四百幾十個日鮮官兵，傷亡大半，狼狽潰竄，我們便收復了兩下店，并捉了四五十個活鬼子，得到不少的槍械。這總算是川軍在津浦綫上參戰的第一功。

不平凡的事蹟

當韓復榘讓開津浦正面，從濟甯西退的時候，如果沒有川軍星夜趕到，日軍可不費一彈而至徐州；徐州動搖，則今日的武漢，恐萬萬不能如現在這樣安穩了。素來被人目爲魔窟的四川，素來被人目爲只知內戰的四川軍隊，今天在民族神聖自衛戰爭的號召之下，竟在山東這樣遠離四川的前方，發生捍衛祖國的功績，這是多麼不平凡的事蹟啊！

爲了這些令人高興的奇蹟，我們特別肅敬地去看鄧錫侯孫震兩位川軍統帥。由於事實的需要與習慣的觀瞻，四川軍人那樣威儀，在民族戰爭的戰場上變得樸質了。諸葛亮六出祁山，所到不過渭水上游，姜維九伐中原，始終未出隴南一隅之地，今川軍竟橫貫數千里外，勒馬泰山邊，西望巴蜀，東指扶桑三島，四川軍人之光榮，實亘古以來所未有。故上自將校，下至士兵，皆表現爲一致之愉快心情。鄧孫二先生一再道述，官兵對於今囘戰爭，不論勝負如何，皆覺得死而無恨。

徐州爲古彭城，即西楚霸王項羽之故鄉，今日徐州車站上却有不少巴蜀健兒之蹤影，在山東前綫的川軍，把徐州作爲他們的後方，交通車上有許多人都用純粹川音對話。歷史改變了，中華民族內部大交流了，日本人欺侮我們所謂「一盤散沙的中國」也快成過去了。

一月三十日，正是陰曆除夕，我們從徐州北去臨城，看望我們已立不朽功勞的川軍將士。到時已近夜，車站小販營業興隆，軍民安堵如平時。據地方人士談稱，韓軍西撤時，軍紀蕩然，搶掠無度，民衆一面恐懼日軍之到來，一面又恐懼韓軍之蹂躪，乃相率逃至鄉間。人心惶惶，亡國之悲痛陰影，籠罩於每一個民衆心間，川軍趕至，始相率囘家，重度其幾乎不能過渡之陰歷新年。

臨城本爲滕縣之一鎮，因有幾路東通棗莊台兒莊，棗莊爲中興煤礦公司所在，故商務超乎各鎮。鎮東依山地，西濱微山湖，成爲軍事上之險地，過此，則徐州形勢，已失屏障，微山湖多魚，且多野鴨。土人捕野鴨，常架雙土槍先後連續射擊，第一槍近地面，第二槍高數尺，土槍發彈子，第一槍響時，野鴨驚起羣飛，俟其剛展翅時，第二槍續發，所中特多，鴨肥而味佳，陳靜珊師長於除夕之夜，享我們的臘味野鴨，感懷無極，蓋以川軍師長在山東前綫以土味待客，其意義殊非等閒也。他日如陳靜珊先生能請我們新聞記者在哈爾濱松花江游泳，更當令人興奮矣。

6

一串辛酸幽默的故事

幾位川軍旅團長談起他們在山西作戰的經過，非常有趣。川軍本來誰也沒有想到會到山西作戰，所以對於山西地理形勢的研究，友軍的聯絡，敵情的考察等，都事先沒有準備。當鄧孫兩部奉命北開，由四川徒步到陝西寶鷄，始搭隴海路車東開；原來預定在西安要整理休息一下，所以他們完全是赤足草履短褲單衣，根本沒有北方禦寒準備。誰知道到了寶鷄，山西戰事緊急，沒有休息補充的機會，就這樣以南方服裝趕上山西戰場。從寶鷄以後，東至潼關，過風陵渡，登同蒲車，北進太原，完全過鐵板車生活，人多車少，有站無坐，且適逢數日風雨，火車日夜不停，無法造飯，飢寒交迫，兵士痛苦不堪，有些士兵到終站下車時，已兩腿發直，隨鐵門之開關，傾倒而出，於是一種善意的悲聲，普遍於士兵間：「我們鄧總司令告訴我們出來可以坐火車，裏面有沙法椅子，坐在裏面不要勞動，等於洋房子走路」，這就叫洋房子走路嗎？「我們不是坐火車，簡直是站火車了」！

川軍在山西作戰，本爲破天荒之舉，對於外面情形，太不明白，中央軍服裝與敵人服裝，分別不清，故某次遇敵人騎探，見騎大馬，服黃呢外套，脚穿大皮靴，佩長刀，疑爲友軍長官，不加射擊，殆其已近，哨兵被敵射殺，始知爲敵騎。

川軍倉皇入晋，官長多尚無山西地圖，對於敵人的基本知識，毫無所知，若干受傷士兵被棄戰地，見敵人坦克車衝過，誤爲我軍汽車，頻呼其停車，自報軍隊番號，要求搭車到後方。

這一串辛酸幽默的故事，說明半殖民地的中國，在民族解放戰爭中，發動了各方面的力量，這些力量往往不適合於近代戰爭的條件，然而在神聖的民族解放戰爭之中，任何部份都自願供獻其全力，不管結果如何，參加抗戰者的本身是忠誠莊重嚴肅的。而且事實是最好的教育，痛苦的經驗，能給人以超常的進步，川軍在山西盡了心，而沒有造成很好的戰爭成績，然而經過山西失敗教訓之後，四川知道了日本軍隊究竟怎樣，自己的缺點在那裏，日本的短處在那裏，要怎樣才可以和日本抗戰。因爲有了這次教訓，所以津浦路北段的危局，他們能很鎮定地把它挽回了。

川軍的軍譽，在前方更好，一方面是民衆身受韓復榘時代痛苦，突然遇到川軍，這樣講規矩，有點超常的感覺，至於川軍的自身，到除因參加抗日，特別自愛而外，士兵生活的改善，也有很大的關係，川軍士兵在四川之窮，爲全國之冠，但現在的士兵，每人有一套棉軍衣，和一件棉大衣，每月所吃軍米爲國家公米，不必出代價，故一士兵每月可得四五元之實餉，衣暖食飽而零用錢充足，當然軍紀不容易壞了。

8

前線民衆掃道以迎

臨城北五十里爲滕縣，即爲今日津浦北段徐州北面唯一抗戰重鎮，滕縣以北之鄒縣，已入敵手，敵我兩軍相持於鄒滕之間。同行同業海萍先生與鐵甲車王隊長有舊誼，蒙其特開專車，約一小時至滕縣。滕縣爲春秋時之滕國，滕文公當小國王就在這裏。今日滕縣爲山東南部大縣，包括春秋時滕薛等四個小國，當時所謂「地方百里而可以王」，實在當時國家小得太不成話，當時許多名將賢相，實在沒有什麼大不了的本領。滕縣縣長要當古時四國盟主，而今卻是行政上起碼的單位。「孟子之滕，館於上宮」，我們這次到滕縣，就是住在古上宮所在進德會裏面。這位滕縣縣長周同先生，我們一到就聽到軍民各方面異口同聲的稱道他的抗戰決心和勇氣。原來韓軍一月三日棄兗州，日軍即由兗州南下，川軍七日始到，中間幾天沒有軍隊，完全靠周縣長堅決撐持。敵佔鄒縣後，即速向滕縣前進，前鋒已到離滕縣城五十里之白沙河，當時全城恐慌，漢奸維持會之組織，已將出現。周縣長此時對民衆堅決表示，願「先人民而死」，力持鎮定，閉門拒守，以待川軍之來援。且已在滕縣東部山地佈置，準備萬不得已時，入山抗戰，仍使滕縣之行政組織不至動搖。一般民衆聞縣長如此堅定誓言，皆曰：「縣長既願先民而死，吾民當與共死！」於是人心一致，局勢始安，漢奸未得早日活動機會，稍遏日軍之前進，予川軍以趕上接防時機。否則，滕縣早已入於敵手，川軍趕到已遲，則徐州危矣！我們很爲此臨難不苟免之縣長所感動，特別在下車後，即去看他。他在樸質的服裝和堅毅的容顏中坦然謂：「無他！中國已失去數百縣，未聞有縣長殉國者，我有心打破此種可恥紀錄耳。」因此我們稱縣長爲「滕文公」。滕縣民衆武裝組織，現正積極開展，各種抗敵宣傳，皆易爲民衆所接受。本來山東民衆在韓復榘七八年來愚民政策與高壓政策之下，軍紀敗壞，官吏貪污，民衆恨政府刺骨，眞有不少歡迎日軍之來者，然而日軍到曲阜鄒縣之後，其行動與表現，使滕縣民衆大吃一驚，張皇萬狀。山東所謂孔孟故里，禮義之邦，一切皆可商量，惟有對於女性之姦淫行爲，絕對不能忍受。曲阜爲孔子故居，日軍到曲阜後，即有該縣巨紳吳廷玉、尹鳳山等出而組織維持會，吳爲過去道尹，尹爲前清統領，以至聖故鄉之巨紳，出面歡迎日軍，日軍亦裝以尊崇孔教，欺騙民衆，宜乎應該講些禮節。日軍問吳尹等要若干牛，吳等照辦，要若干羊，吳等照辦，要若干糧食，吳等照辦，然後要二百女子，使吳等大感困難。然而此時迫於淫威，亦只好允設法雇用妓女，但吳等正出外想辦法雇用妓女，無所

10

結果之後，回家一看，各自全家老少婦女皆爲敵軍所姦淫。敵軍正在縱慾，而吳尹等已駭得面無人色，隨即羞憤自盡。鄒縣情形更慘，敵軍索女人，維持會不能應，即縱兵搜索，家無倖免，上至五六十歲之老婦，下至十二三歲之幼女，因被姦致死者，城廂及各村鎮日有所聞。這些山東同胞特別不能忍受的消息，讓那些本受過漢奸思想「那個皇帝不納糧」的麻醉的人民，也感覺不能了。起來！山東同胞不自覺的都普遍的覺醒了。但是山東過去的軍事政治，專以壓迫人民爲事，民衆要起來，而怕軍隊和官廳的阻撓，幸而川軍到後，軍紀與韓軍大不相同，一切公買公賣，特別尊敬山東男女之別，并且派人到各鄉宣傳，盡量扶助民衆武力，人心便爲之大壯，以爲有了靠山，灰頹失意的民意，自此復燃了。

滕縣民衆受川軍帶來的新氣象的刺激，大家覺得有希望了，城內的紳士如柳厚山（七十五歲）黄稼堂（七十歲）張皆奮身而出，隨軍隊政治工作人員到鄉下宣傳。滕縣的青年也紛紛起來，加入縣動員委員會作宣傳員。縣城東北九十里之城前鎮民衆，爲歡迎川軍前往，除沿途殺豬宰羊，烤製大餅，預備作飯柴火，送到鄉上而外，且發動鄉民將九十里長的道上積雪掃清，以迎川軍。黃馥堂先生七代進士，滕縣通家，特作七律古詩以迎川軍將帥：「天上遙瞻節鉞臨（指川軍來）安危須仗老謀深（或係指鄧總司令），晉文攘楚先三舍，忠武服蠻侍七擒（指勝利在最後，目前勝敗無足怪），中府一朝誅貳豎，（指殺韓復榘）陽光普照靖羣陰（指中央軍威大振），川軍將帥皆韓岳，豈有神州竟陸沉。」

12

軍民合作的新姿態

川軍不擾民，而民間送川軍之禮物特多，王副師長學俊會下令轉達民間，不必饋贈，然而各村各鎮之送禮物者仍不絕於途。計已送到豬一百餘隻，粉條一千餘斤，白菜以萬斤計。村民送到即走，不管收否。商家更一致公議，在舊歷年關為優待川軍起見，破格不提高物價。川軍多穿草履，雪地冰天，民衆心中不忍，特紛紛送鞋襪，而使士兵不至於感受缺乏。

魯民這樣愛戴川軍……許多軍官都受感動，而且是他們有生以來所未曾遇過的熱愛，他們於興奮之餘，輒慨然謂：「為民族而戰爭，能得民衆如此愛戴，可以死而無恨了」！

二月一日再由滕縣赴最前綫之界河，由另一鐵甲車專送前方，因十五里之北沙河橋已破壞，故必須下車換馬前進。車中知劉隊長存恩在膠東退兵時，曾有一段壯烈經過，可以作爲全國軍人之模範。當敵人剛過河之時，他是鐵甲車第三隊，奉令入膠東破壞膠濟路鐵橋，後來敵人已佔膠濟路上之周村以至濟南之綫，他這一列車被截在敵人後方兩百餘里，士兵大譁，而他仍未西返津浦路，但各站已無人負責，電話電報皆不通，但他料定敵人因欲利用鐵道，不會破壞鐵橋，如果只破壞鐵軌，比較容易修復，強迫通過，但開至周村附近，天已入夜，敵已在周村，九股道路已被敵人破壞八股，他密派勇士，暗中將其餘一股軌道搬好，然後猛衝而過，敵人槍砲大作，劉乃燃巨燈，一面看路軌，一面還擊，終得通過周村。其餘各站皆且打且退，迨至濟南，已寂無軍隊，然他所率第三隊鐵甲車已轉入津浦路，而且至今尚能在滕縣最前方負守衛之責，國家如人人能如此負責，則國家不知要多保持多少力量。

下鐵甲車騎四川小馬，久不騎馬，見馬技癢，但騎慣西北大馬，今騎上如此小馬，意有未盡耳。然而川軍將士跋涉萬里，全賴此小馬以代辛勞，此馬爲抗日而翻大山，渡曠野，本已極度辛苦，今竟需用軍將士之厚愛，將其不能分離之馬匹，借給我們不相干人之乘騎，心中實甚不安。

北沙河爲日本騎兵曾到之處，北去界河十七八里，途中三五里一村莊，居民皆甚安靜，紅男綠女，村中尚有集而作賭博戲者，蓋全不類戰時氣象。人民今覺有所恃，得安心過舊年耳。北沙河以北之鐵路，以由工程大隊加以破壞，命鄉民自取枕木爲薪，故沿路村中男子多在鐵路上作拆毀工作，相聚成隊；利之所在，人民自然趨之。但人民於拆毀鐵路之餘，自然想到戰局之艱難，我軍將自此與敵人長期戰爭，實無北返之可能，生於此等地區之民衆，當知前途之多難，敵軍之必來，而速謀自身之組織與游擊武裝之建立也。

到界河後，車站已完全破壞，不見人影，我們數騎過後，哨兵驚出問何人，同行有政訓員，始得過。又一里至界河鎮。鎮中軍民雜處，春聯，滿門牆間，街道且爲駐軍掃清，絲毫紛亂氣象皆無之，不知者，絕不知已入戰場矣。牆上標語，有「不退倭兵誓不還！」一蓋表示川軍出川之決心。

至前方指揮部，訪譚尙修團長，知此間民衆對於軍隊之愛護又比滕縣爲更甚。民衆送護團豬已三十餘支，粉條近千斤，鞋襪則臨時做好送來，民衆見士兵無手套，乃大家趕做布手套，即使人各一雙，老者見我哨兵在雪山上監視敵人，雪風刺骨，乃親送柴火至山上，親爲哨兵取暖，見我作工事之士兵，雪時亦不停，除送柴火取暖外，更出凍瘡藥，并親爲受凍傷之士兵綁紮，見工作過苦或有病之士，兵則在旁望視，不忍即去。

讓國在前方曾與敵人接觸數次，民衆皆異常盡力，某次我軍搜索前進，村中已有敵人，我軍不知，一村民乃出來以手示阻止我軍，我軍不解其意，繼乃近前謂「村中有敵人」，因川軍不習魯音，亦不明瞭，村民乃以手阻我士兵前進；並指村中，頻謂「有敵人！」「有敵人！」至是士兵始明白，立即散開戒備，而村中敵人已知我軍已至，立刻還擊，此忠勇之村民，即爲敵軍所擊殺，然而我軍因此得以保全，皆此富有抗日意識村民之功。

又一次我軍與敵軍作戰，遺下傷亡，不能立時撤走，戰場附近民衆乃自動將傷者之槍彈保存，而將死者屍體暫用土埋葬，傷者則暫收容家中，殆敵軍退後，村民自動將死傷士兵抬送回營，而對死者，在交代屍體之後，與當地鄰親居民，同聲痛哭，如喪考妣。讓許多官兵反而節制了自己對於同伴本有的哀痛，而勸慰村民，謂他們係爲國家而死，死後可以升天，不過爲之過於傷感。

打出了新的勝利信心

一位曾經夜襲敵人最前進根據地兩下店的尹惟一營長，暢談其與日軍接觸後之所得，他謂「從來沒有比現在更好打的仗了」。第一，民衆幫助，事事不感困難。第二，有民衆作耳目，敵情明瞭，知其虛實，避實就虛，處處有打勝仗的可能。第三，敵軍攻擊精神薄弱，只要稍爲遇到一點我軍攻擊，即如烏龜式的縮頭不敢外出。至於我方士兵則無人不輕視日本步兵行動之拙劣，但能避開日軍之大砲坦克等正面衝突，一見日本步兵，那就算操了勝算把握了。

作戰上他發明了新的作戰方法，他以爲同日本作戰，假如我們兵器不能變到對等，則我們正面死守或者猛攻，都不能達到戰爭上以少的犧牲換得大的勝利之原則。他經驗所得，應說用少數部隊正面來制敵人，而以主力控制於敵人側面，正面但求韌性的牽制，不在與敵硬拚，側面主力必發現敵人側面，然後猛力加以攻擊。此種作戰方法，可以轉變敵人前進方法，分散敵人兵力，擾亂敵人陣容，最底限度可以做到無甚損失，而有效地阻止敵人前進的預定計劃。

就敵情來說，據報在泰安者爲磯谷師團，在鄒縣者爲服榮聯隊，鄒縣與兩下店之間，完全是空的，可以任我游擊隊活動。鄒縣與兩下店敵人，皆用鐵絲網將其駐營地圍護，不敢出一步。鄒縣敵軍人數不多，恐我民衆起來反抗，乃在四門上每日貼大紅紙大布告一張，上寫「大軍明日到此！」每日夜間，日軍用數十輛砲車自城中拖出，次日又將原砲車拖入，示人每日有新砲到此，其實就是原來那幾門砲。拖砲的馬已經老百姓看熟了。而且某次，拖砲的馬將砲衣咬破，裏面乃是木製假砲，所謂堂而皇哉的數十門大砲，眞正的鋼砲，沒有幾門，在泰安一帶敵軍軍用汽車運輸軍火甚忙，有一次所謂軍火的箱子不小心從車上跌下來，裏面原來是些碎石子！敵人士兵因無戰意，故戒備疏忽之至，我們的偵察可以自由出入日本日所佔領之城鎮，並且可身懷利器，敵軍不知覺。故往往若干下級幹部與士兵皆請求自動襲擊日軍，蓋衆信有絕對把握，然而上方往往不准，故下級幹部與士兵常感氣悶。

越東往的山地縣份中，民氣越强，泗水縣的民衆會自動入城將維持會份子捕出法辦。蒙陰縣的民衆，甚至將盤據縣城的日本軍隊二百人打跑，打死日軍一百餘人。可以說日軍在山東民衆起來反抗之下，已感到處處困難，步步荊棘。

在界河的團部裏，正在吃飯時候，見位自動到軍隊中作宣傳工作的地方知識份子，突然長袍馬褂地進來了。叫一聲「同志」！大家坐在一起來，舊曆元旦在界河前方，看到大家在抗日的總目標之下不分彼此的神情，衷心快慰。我們問他們爲什麼要盡義務來幫助軍隊，他們的答覆很簡單，因爲他們不願做日本的奴隸！他們已經看過「高麗棒子」的先例，將來日本人要抽被佔領地的壯丁去當兵，用中國人的錢雇養中國兵去打中國人，那是最悲慘的局面萬萬不能幹的。因爲我們不願，所以起來反抗！（長江）

東綫血戰達成了任務

楊家將見危授命

一

四川人或者去過四川的人，大家都知道楊森將軍是在四川的文化事業和建設事業上有着特殊功績的一個進步軍人。記得民國十年，楊森將軍曾經歡迎過很多新文化運動的先覺者到四川去負教育的責任。比如惲代英，蕭楚女，李求實，唐際盛，盧冰，北伐時攻打武昌城而殉國的謝嘯仙，都是他請到四川去做新文化運動的人物。當時在四川，凡是他的駐防地中，通俗教育館，通俗講演會，圖書館，巡迴文庫，在通俗教育館指導之下的各種戲劇活動，各種改良的書場，運動場、陳列館，大小的公園幾乎遍地都是。爲了要發展四川的實業，曾經普遍地飭令造林，改良牲畜，鼓勵生產。爲了要便利交通，曾經發起兵工修路，發展航業，最有名譽的民生公司的創始，都是由於他的負責幫助，才有今日的成績。爲了四川的工業，他曾經聘去很多的工程師；爲了四川的文化，他會經聘請很多的文化人；為了四川的體育，曾經請去很多的體育專家；為了各種的事業，曾經請去很多的專門家，總之楊將軍為了要建設一個新四川，曾經盡過很大的責任。

楊將軍不但是一個努力於文化事業的進步軍人，而且是一個有名的勇將。

楊將軍現在這偉大的戰場上他已經加上了前綫，以他這樣一個勇敢的進步的軍人，在蔣委員長的領導之下，記者認為楊將軍所率部隊在抗戰的鬥爭上，確實是加了一支生力軍。

記者和楊將軍不見面，已經有十四年了，聽着楊將軍在這偉大的抗敵戰場上，用他的血肉和暴敵決勝負的時候，便冒着砲彈，親自趕到火一般的前綫上去拜訪他。

為了等車，到達××通信處已是很晚了，早已有同鄉人通知過了，軍部早派有人在通信處候我和×先生，在那裏又打了一個電話，到達軍部的時候，一灣殘月已從樹稍中露出模糊的臉來，田野放出清香的氣息，朦朧中我直見了幾個黑影，經帶路的人問明後，才知道是楊將軍和夏將軍出來候我們。

在那個不十分明亮的燈光下，我看見楊將軍還是和十四年前一個樣子神彩弈弈，非常沉毅，

20

從他的談話，我才知道上海抗戰開始後，他個人已經上過戰場，他到××師，××師，土肥原到山東的謠言一起，他又去過山東一次，他告訴了我，他在隴海道上火車中的感懷詩。

幾消炎暑試新涼，沃野欣聞禾稼香；

為挽艱危征萬里，不教倭寇事披猖。

他說，曾經問過韓復榘，關於土肥原的話，他說沒有這件事，由山東回到四川，我們的部隊就馬上開赴前方，本來我們的部隊是在貴州，在八月十五日奉命改編，九月一日出發抗敵，二十五到武漢，十月十日到前綫，本軍原由上峰預定，作為出擊部隊，以××，×××之綫，屏障××縮短京滬，敵人五次總攻開始，即集陸空主力，企圖衝破此綫，襲取上海，威脅南京，此時我守兵因衆寡懸殊，陣地已呈不穩之象，本軍見危受命，於十三日增援該綫，惟部隊尚未到齊，儘我×××師×團之衆，經血戰一日，將陳××收復。我素有戰功之林團長陣亡，第二第三兩日，敵復增兵猛撲，我×××師之周旅，亦由後方趕到，加入戰綫，敵在×××，×××兩點正面一千餘公尺之地每日投彈在千枚以上，砲彈在五千發以上，我工事全毀，但我軍有進無退衝鋒肉摶，每日達十餘次，雙方傷亡枕籍，在十七日換防休息。

「這次的犧牲固然很大，只有在這樣犧牲之下，才可以證明我們軍人的人格」。說得楊將軍

22

又示以在前綫的近作一首：

滿天烽火遙相望，

切齒倭奴勢正張；

指點三軍殺敵處，

×××日月如霜。

在談話中，不覺已是深夜，我們告辭了，楊將軍到軍部給我…預備的房中去休息，分手時，楊將軍說：

「好好地休息…不要躭心，這次的抗戰，勝利一定屬於我們！」（胡蘭畦）

二

參加淞滬戰役扼守頓悟寺陣地負傷之楊師長漢忠因腿部受傷，牽動鼻部舊疾，經前方醫院診

斷，認爲有轉院必要，爰於日前出院返川治療，談此次參加戰役經過，及其本人感想，謂其所部原駐黔西大定清鎮一帶，担任綏靖工作。自蘆溝橋事變發生，本軍軍長卽向中央請纓抗敵，迨八一三淞滬戰起，本軍奉令集中武漢，準備相機應援，計自貴陽至長沙，向例於五十九日途程，而黔在湘西又爲苗嶺山脈，最難走的路，但本軍爲迅赴戎機起見，決定兼程前進，結果在二十四天的期限當中，全部到達長沙，由長沙乘火車到了武漢之後，初意還可稍稍休息，深感長途的疲勞，洗滌積垢的軍服，不料剛剛宿了一晚，翌日又全軍踏上北進的征途。由漢口乘平漢路車到鄭州，再由鄭州換隴海路車到徐州，復由徐州換津浦路車到達首都，最後由首都乘京滬車到蘇州，時值大雨，爲避免敵機轟炸，仍冒雨前進，在黃渡車站下車，暫駐附近一帶。因敵人大舉五次總攻擊，前方情況異常緊張，我們在這個嚴重時局之下，便於十月九日正式加入前綫。本軍在上月九日，由黃渡站運到南翔附近，所受的任務是一面趕築工事，一面抵抗增援三二師陳家行方面的陣綫。不過因了當時敵人正以全力進犯，差不多前方各處都受着猛烈的攻擊，因之本軍所當應援的，也不止陳家行一段。在到了南翔以後，兩天之內，在一三五師就撥出了四營去參加，到了十三日原守頓晤寺橋亭宅綫陣地的部隊，因任務已達，撤換下去。

本人的四團兵力就分配頓晤寺和橋亭宅的一段重要陣地，從十一日到十六日，本人受傷以後止。這幾天都是敵人會集陸空軍全副力量進行全綫總攻時期，所有戰鬥經過，大略已見中央社消息。本人因了腿部槍傷，牽動過去鼻部舊疾，同時使大腦部也受了影響，以致現在還不能用心思索，甚至現在還不能詳細記敘，但有幾點，爲我畢生不能忘懷的。第一，十一日我接頓晤寺陣地綫時，敵人便知道另有生力軍開到，即猛力進攻。我林團長相侯親到最前綫指揮，官長奮勇出壕應戰，白刃相接，結果我軍仍守持原陣地。是役林團長相侯陣亡，其他官兵傷亡亦衆。第二，十三日正午，陳家行陣綫曾一度動搖，我們的趙嘉謨團長，胡王兩營，在敵人飛機大砲之下長進，不到一小時，就把原陣綫恢復起來。胡國屏營據守原綫，王際春營乘勢跟蹤追擊，將自命「皇軍」的殘敵趕過蘊藻浜岸去，但團長王營已入敵軍之火綫網，致王營長同全部官兵盡戰壯烈殉國，而趙團長嘉謨亦負傷。這在我們固然是很大的損失，但也可說是淞滬戰場空前的進展。第三，八〇一團團長向文彬在頓晤寺附近亦經敵人猛烈的進攻力擋危局，結果化危爲夷，達成任務。在那

24

一天三小時內，由中校升上校，由上校晉升少將，這是東戰場絕無僅有事件，也可說是川軍在抗戰史上的光榮。

最後記者復叩以經過此次戰役之感想，楊氏笑謂本人完全是一個軍人，只知奉令作戰，對於政治外交國際等問題，素無研究，所以在此次戰役中，只知我們應當爲國家爲民族的生存而戰，縱然弄到一兵一卒，也還是要放完最後的一粒彈，流盡最後一滴血，才算完全結束，此外幷無所謂感想。不過就個人在軍隊生活的經驗，敵人除所用武器比我精優一點外，其他並不比我們强，而且就我親見的，我們的工兵和礮兵技術，都要比敵方高超。至於我們的陸軍士兵的攻擊精神，更非彼怯懦如鼠之皇軍所能望其項背，如我方能有同樣之器械，敵早已完全消滅。其次，此次抗戰，不惟是全國武裝同志人人樂從，後方的一般民衆，尤其熱烈援助。本來軍人殺敵禦侮是自己應盡的天職，在陣上負傷，也算不得一回事的，但是個人這次負傷以後，不用說遠勞親友和長官袍澤的厚注，就是素不相識的許多人士，也來紛紛向我勞問慰藉。那種熱烈的情意使我有不用說負傷，就是陣亡也很值得的感想，並且從這一點可以看如對日抗戰，實爲我四萬萬人一致的要求，就慰了這種敵愾的心，也可以把握着最後的勝利。再則此次作戰，前方軍站設置非常完善，經常必須的米麵炭鹽，固然可以領得，就是士兵們等夢想不到的餅乾灌頭等，都是取之不盡；而且在陣地上，每天的伙食并不在餉內扣除，這是川軍從來所未聽見過的。

郭勛祺恰當敵鋒

記者去月杪自東戰場前方到漢，即於軍事機關得着老友郭勛祺師長受傷的消息。打聽了好機天方才知道他在醫院留治，當即趨訪，把晤之餘覺得他雖然受創傷，但是精神仍然健旺，欣慰的情緒，眞是難以言喻！

「你感着痛苦嗎？」記者問。

「前幾天比較有點痛苦，但是自從將瘀血取出後，現在好多了，我受過多次的傷，第一二次未免心裏有點着急，可是到現在彷彿是家常便飯了！也許拚着一死的人。他的精神經抵抗力量，是比較強些的！」郭師長現着自慰笑容回答着。

「這回甚麼時候離開四川？」

「我們是九月二十八日奉到命令由周山，嘉定出發，開往平漢綫作戰。後來爲着中戰場吃緊，奉調前往增援。沿途爲着交通困難的關係，直至十一月二十一日才到達長興。當時嘉善，嘉興相繼失陷，宜興告急，長興吳興之綫已不能再守，逼得向後撤退。我們的任務是掩護正面作戰的桂軍退却，剛好當着敵人挺進的鋒銳，所以犧牲特別重大。二十五，六，九，整個三晝夜，和敵人在金山，小王山，硃砂嶺等地惡戰，屢進屢退，前仆後繼，總算僥倖地完成了我們的使命。然而我們的官兵已經是疲乏不堪了！到二十九那天，廣德被圍，我們奉命馳援，與敵人的主力接觸了好幾個鐘頭，正在要向敵陣突破的時候，忽然聽說黃旅長重傷了，我當時悲憤萬狀，情不自已，於是不顧一切地下令向敵人猛衝，那曉得不一會，連我自己亦給無情的敵彈擊中，不能繼續前進了！」

「你對於抗戰前途的感想怎麼樣呢？」

「中國人民在堅決長期抗戰的過程，必然得着國際的援助，因爲中國與世界主張和平的民主國，有着深切的經濟利益的關係：而且這種爲着維持世界和平與人類正義的鬥爭，定然博得世界最大多數的同情。國際間同情中國抗戰的人，對中國實際的行動，必然根據中國人民抗戰形勢的發展而決定。中國反抗日本帝國主義的基本政策，卽中國民族革命的原理。這種原理，已由 孫總理透闢地闡明，在目前抗戰過程中，一切對內對外的戰時最高政策，必須依照 孫總理所昭示的原則而推行，也只有忠實地奉行，才能爭得勝利的前途。最近若干軍事上的挫折，僅屬暫時一種應有的現象，絕不會影響吾人對於抗戰前途勝利的信念和把握。」

郭師長這一席話簡直是政治講義了！誰敢說中國的軍人不懂得和不注意政治？近年來，中國的軍人比從前進步多了，像郭師長這樣就是一個好的代表人物。記者月前晤見這類思想清新，見解準確的軍人很多，不禁聯想到中國抗戰前途的光明！

談到這裏，慰問的客已紛至沓來，記者當卽告別，郭師長猶殷殷囑以再會。（濟南）

饒將軍浴血殉國

十二月三日得到前方的一個消息，驚心觸目，那就是：

饒國華在廣德前綫陣亡了！

這些消息立使我震動起來，當然，在日本帝國主義瘋狂的砲火下，一個臨危受命，以死將事的民族戰士的捐軀報國，實在是每一個國民，每一戰士的意中之事。但是，和我分手還不到半月的饒將軍，至今回想起來，還覺得那沉着雄偉的體魄，堅毅的精神，宛然在目，轉瞬之間，如何能相信他已經爲國捐軀，和我隔了個世界了呢！

我聽了這個消息，悲痛與興奮的情緒，一時都湧上心來，合目凝思我和饒將軍歷年的往來，以及饒將軍平日的言行，都一一回憶起來。饒將軍是我入川以來的第一個知友。

我和饒將軍的相識，是民國二十四年的冬天，也就是我入川的第一年，當時正是當初的紅軍，現在在西北戰場抗戰的第八路二萬五千里長征西北，與川軍相持於天台山的時候。饒將軍就是在這天台山下的最前綫和我初相見的。一個朔風襲人的晚田，饒將軍親自到我們的駐所山河場來找我，經過在座的人們介紹之後，彼此就一見如故的暢談起來，饒將軍是一個坦率的軍人，一見就可以知道。那一晚似乎有很大的感觸似的，精神興奮，然而又好像有一種不可知的阻力，使他不能盡情地傾吐。原來他當時正感覺着一種苦悶，那就是他對於「兄弟鬩牆，外禦其侮」的一個苦訓，有莫大的覺觸。他當晚告訴，國難如此，他實不願再見自相殘殺的內戰，損失國力，利於敵人。可是為了服從命令，保護地方，擁護政府，又不得不受命臨陣！從這裏我們不但認識饒將軍，而且認識了饒將軍一切思想行為的出發點，那就是真，就是誠，就是正，就是義，他不但遠見了國家的危難，決鬥不是解決這危難的大道；而且他也是一個澈底守分，服從紀律的軍人。他雖然心裏有十分的苦悶，但他却是一個能始終盡忠職守，所謂鞠躬盡瘁的人。早在相識之我，就知道饒將軍將來一定是一個能够盡忠國家，有天良，有正義，在神聖的民族抗戰中，是一個最有力的戰士。

以後不久，我執教於四川善後督辦公署，設立抗日教育之軍官研究班第五期的時候，饒將軍任班附，於是朝夕相見，與饒將軍暢談的機會更多了，當時國難愈急，華北已經事實上淪於敵手，而日本帝國主義的貪心未已，有益加進迫之勢。時歐洲局勢，亦很混亂，義大利侵略阿比西尼亞的戰氛正熾，歐洲和平國家應付維艱，對於東方義大利，正是乘火刦掠之良機，我中華民國之國運，至此危險已極。傅將軍和我每一相見，必談國事，亦必慷慨激昂，深感於委曲求全，不能立即決戰之苦悶。他常有一句使我們旁聽的人異常感動的名言，是只要開始抗日，我就站立在戰爭的最前綫，這句話差不多是傅將軍每次縱論國事必有的結論。傅將軍現在是果然立在抗戰的最前綫，實踐了他的諾言，而且為這諾言犧牲了！但是，傅將軍一句話，至今却是春雷似的，清清楚楚地在我的耳中振蕩，我相信這句話決不只是代表傅將軍個人的聲音，也不只是代表戰士們的義慨，而是代表着四萬五千萬被壓迫的中華民族，向日本帝國主義無饜縱的貪慾，作了最有力量的回答，我一念及傅將軍說這一句話時沉雄壯烈的神情，就不禁為之振奮抖擻要拔劍而起。

是的，我現已經追隨傅將軍之後，全川將士，全國戰友都已經立在抗戰的最前綫了！我們在最高領袖，在劉司令官領導之下，我敢相信全川將士，沒有一個不願隨傅將軍之後，立在抗戰的最前綫，與敵人作堅決的戰鬥的。

傅將軍不但是民族戰士中最英勇，最有決心的一人，而且也是戰爭中最有能耐，最有力量的一人，他在川中可以說是第一流人物。他的勇敢要比北方的吉鴻昌，而沉着精明過之；他的軍事譬如南方的鄧滌生，而政治手腕却不及。饒將軍在川軍將領中，不但是劉主席賢能的輔弼，不可少的左右手，而且也是川軍中一個少見的模範人物。他在平時，是練兵的能手，在戰時是作戰的先鋒；對於戰後的訓練教育，他是經常負實際的責任的一人。對於鞏固復興民族根據地的一切設施，他是慘淡經營，週詳擘劃的份子，而且是有力的一份子。所以我認爲他實在是川軍中的第一流人物，并不是誇大之詞。饒將軍不但在公的方面，值得我們信仰，而且在私的方面也值得我們的模範，他實在是一個爲公忘私的人。他生活簡樸，不穿大衣，不戴手套，布衣，粗食常不尙奢華，不納姬妾，寡欲淸心，不貪閒暇，勤於工作；這些都是我們和饒將軍經常接觸的人親眼所見的；我們看見他這種自奉儉約，努力爲公的精神，眞不知道如何感奮。

饒將軍和我因爲工作的關係，是經常碰面的，而且只有機會，他也常樂於和我一道作促膝之談。上月十八日，政工會駐漢口舊日租界大和街二十號。饒將軍率隊過漢，這天正是風雨晦暝的天氣，饒將軍冒雨來訪，當時正有楊亞夫，吳秋影，魯自誠諸君在座，彼暢論前綫戰事。他那豪壯，慷慨，英勇，沉毅的精神，一如曩昔。臨別之時，握手互道珍重，他還笑着說，「前綫兒，」誰知道這就是他最後的壯烈的遺言，而這一次的分別，竟是最後的分別呢。

饒將軍是十一月三十日晨在廣德前綫，親冒矢石，堅守據點，與敵寇作殊死戰鬥時捐軀殉國的。饒將軍雖然以身殉難，但因此振奮三軍，卒能於浴血苦鬥中，克復廣德，泗水，可知饒將軍殉國的影響之大！饒將軍奮勇的精神長留於天地之間了。

現在饒將軍是在抗戰的最前綫壯烈的殉國了。我們後繼者應如何本着饒將軍統一抗戰的覺醒，奮勇殺敵的決心，學習饒將軍刻苦自勵。爲國忘私的精神，繼承饒將軍抗日救國的壯志前進，奮鬥，救中國，以慰藉饒將軍的忠魂呢。（汪導餘）

劉司令官精神不死

第七戰區司令長官劉湘，於抗戰展開後，即扶病赴前方督率川軍抗戰。當時記者爲採求我前綫神聖抗戰的眞實寫照，足踏實地的去和我們浴血苦戰的兵士們共甘苦，便隨同劉司令赴前方。

誰料我們的南京失陷，武漢遭受威脅，形勢上看來我們是失敗了；可是我們全中國的軍民那一顆赤誠報國，犧牲奮鬥抗戰到底的雄心是不可沒滅的。記者因感前後方工作一樣，便在抗戰繼續推進中先返川參加後方宣傳工作。霹靂一聲噩耗傳來，劉司令長官在武漢因病逝世；聞聽之餘，實深哀悼，特將劉氏此次致病始末詳記於次。

觀察首都可守三月

當東戰場戰事緊急，劉抱病赴京請示軍政大計，蔣委員長對劉氏表示異常嘉慰。當時以國際情勢正在轉變，九國公約會議亦無形瓦解，世界各國無誠意幫助中國。故劉氏抵京後，經蔣委員長指示與白崇禧籌商一切，雙方聚談甚洽，激烈主張非自己努力抗戰到底，不足以圖存。斯時又有所謂日本六項條件的提出，後經劉司令長官向蔣委員長陳議加强抗敵機構，非努力抗戰不可，蔣亦嘉納。故於十一月十四日南京中樞各要人商定國是，川軍南調拱衛首都，國府準備移渝。當時劉司令，觀察南京只能守三月，敵必沿京滬路進攻而大南京不保，蕪湖又無防禦可守，必守武

霞飛將軍喻蔣委長

劉氏復於十五日晨上曾比喻蔣委員長爲霞飛將軍說。當第一次世界大戰時俄國善戰的國家，某天在羅蘭城俄法兩軍雙方攻擊最烈，俄國以一支兵攻入東普魯士，側擊法軍，當時敗守巴黎，因受政略牽制，處處顧忌，因之全部失敗。當時法國人民大嘩，請殺霞飛將軍，而霞飛不顧一切復作稱敗退巴黎，將兵遷向西戰場，給俄軍一個腹背受敵，遂解巴黎之圍。另一方面有一位政治家各處爲霞飛宣傳，向人民說要在統帥指揮之下聽從調事，結果霞飛將軍是當代有名大將。現在蔣委員長一定有他的計劃，總之我們聽從蔣委員長的命令說做就做。

由此可見劉司令擁護領袖之誠意，第二天復謁蔣委員長陳述大計，以川軍大部游擊，少部牽制日軍，一面擾敵後方。並建議焦土抗戰，於大軍退時，破壞鐵路軌撤去作後防建設，再破壞公路，蔣委員長極採納。二十號的上午復約集文化界沈鈞儒，沙千里等，商如何組織和訓練民衆，開放民運，動員民衆等工作，對全民抗戰之顧慮亦週。近幾天京市飛雪，寒氣逼人，三天後已現淒涼景象，熱鬧市街漸次蕭條，劉氏此時對抗戰甚樂觀。十一月二十三日天放晴敵機來襲，

會商戰略暈倒沙發

同日午後劉氏邀集司令部全體要員會商戰略於赤壁路十五號，策劃過勞飲食失檢，咯血舊疾復發，登時暈倒於沙發上。劉航琛曾以一紙向劉氏請示，約五分鐘稍醒。復召于淵，指示游擊戰術約三十分鐘，精神實感不能支持，遂由侍從主任曾偉瀾等扶侍登車返寓。登時蔣委員長聞訊，立派黃仁霖偕醫士鄭某代表委座探病並診視，入晚劉氏復不靜心，蓋以抗戰指揮爲當前急迫之事，國家爲重，已身爲輕，遂召侍從主任曾偉瀾在側聽取軍情，悉無錫吳縣失守甚爲焦灼。

川軍佈置劉頗心喜

後隨軍二十軍長楊森來訪，談話甚久，病勢漸次加重。次日晚蔣委員長復於軍事百忙中抽暇

親偕張羣，錢大鈞至寧海路四號寓所探病，并勸其出京療治。其時南京形勢已極險惡，敵機天天來襲，國府已將遷移，而劉氏已立誓願與南京及前方將士共存亡。

過兩天，蔣委員長以劉氏病重，遂發表陳誠爲第七戰區副司令長官，以輔助劉氏，蔣委員長恐劉氏不明瞭計劃，復派白崇禧到寓徵求劉氏同意，并將川軍加入第一道防綫及佈置略情相告，劉氏甚爲心喜。白去後，復昏迷睡去。

當時侍從主任曾偉瀾親見劉氏病勢尙無起色，立乘汽車趨赴鼓樓醫院請醫師，而該鄭某畏敵機來襲遂告潛逃，斯時京市高射砲全部搬走，醫院醫務人員，均已逃空，京中要人亦定是晚完全退出。

張羣往辭劉昏迷中

張羣特往劉氏寓所告辭，見劉在昏迷狀態中，僅坐候半小時卽去。復聞敵機明日要大肆轟炸京垣，曾偉瀾復四處打電話，司令部人員亦於是晚全到蕪湖，結果僅餘駐京代表邱甲，副師長黃山崗，大本營連絡員李御良，及侍從數人，商策如何將劉氏移往後方。後復四處尋覓醫生，在鼓樓德國醫院請一醫士名馬少息士白，來診，據云劉病危急，在廿四小時不能移動，否則不能保險，於是大家議定只好停候二十四小時，待翌日上船。

38

與世長辭死心抗戰

次晨劉氏較清醒，當醫生診病時，劉本人復將其病發生時在二十歲之原因及現狀告述。劉當醫生去後，復向曾偉瀏嘆息幾聲云，「這也是國家之不幸，若我不病想必京城最低限可保存幾天，公私產業不知要救多少。我現在只要能撐持，決赴前綫督師，以副川民之望」，當時環視者均不能一詞以對。

入夜，該醫士不願同去，後經多方敦勸，始允同行，並帶一看護，一助手，又無翻譯，幸好張羣祕書尚在京，遂一道登協慶輪。劉氏係由侍從人員抬上輪船。劉氏因感搖動太大，遂復昏去。晚行約十里，船曾擱淺一次，劉氏原只令住蕪湖養病，最後蔣委員長，於劉氏昏迷中令其左右設法護送至漢口，劉氏至漢住七日後尙不知身居何地。

突向侍從人云，如何這樣清靜，經告述後，始知已在漢口，但對於如何布署拱衛首都，朔楊上隨時籌劃，而不知南京已淪陷矣。饒師長殉國事，遵醫囑亦未告述。後劉氏住漢休養，病勢已有起色，曾赴花園遊玩。近因與某要人商談國事過久，同時劉氏計劃前方軍事，川省後方建設，心力勞瘁，竟成不治，與世長辭。

不過劉長官雖然與世長辭，其所留遺囑，仍與倭寇不共戴天，可謂其抗戰精神將長留於吾人也。玆錄其全文如次。「余此次奉命出師抗日，志在躬赴前敵，爲民族爭取生存，爲四川爭光榮，以盡軍人之天職。不意宿病復發，未竟所願。今後惟希望我全國軍民，在中央政府暨最高領袖蔣委員長領導之下，繼續抗戰到底，尤望我川中袍澤，一本此志，始終不渝。卽敵軍一日不退出國境，川軍則一日誓不還鄉，以爭取抗戰最後之勝利，以求達我中華全民族獨立自由之目的。此囑。」

尾聲

川軍來了百姓快囘

皖南第一綫繁昌縣，現爲川軍陳萬仭師駐守，與人民相處極好。駐峨橋的黃營長，他到峨橋時，空無一人，於是他一人當街高喊：「川軍來了，不要人家分文東西，也不擾民，你們趕緊囘家，以免東西無人照管遺失。」喊了之後，不一天就都囘來。囘來看見川軍待他們如弟兄，買東西一文不少，借東西原璧歸還，說話客氣實在，於是老百姓知道了川軍的可親，就逐漸爲川軍做起事來。現在吃飯，烤火，住房子，嚮導，抬傷兵，都由老百姓妥當的供應。記者遇一賣豬肉者說：「川軍是好，那天開差，個個提了錢來還錢，這是我想不到的。」爲川軍挑柴的老人很憐憫這些青年四川人寒冷，爲他們担柴烤火。婦女也不怕兵了，爲他們縫着衣裳，在前綫，軍民關係是非常之好，這是可以告慰於一般担心川軍士兵政治意識的人。